杉本敏夫 監修
最新・はじめて学ぶ社会福祉

ソーシャルワーク論

理論と方法の基礎

小口将典・木村淳也

編著

ミネルヴァ書房

シリーズ刊行によせて

　この度，新たに「最新・はじめて学ぶ社会福祉」のシリーズが刊行されることになった。このシリーズは，もともと1998年に，当時岡山県立大学の教授であった故大島侑先生が監修されて「シリーズ・はじめて学ぶ社会福祉」として始まったものであった。当時，現監修者の杉本も岡山県立大学に勤務しており，一部の執筆と編集を担当した。そのような縁があって，その後，杉本が監修を引き継ぎ，2015年に「新・はじめて学ぶ社会福祉」のシリーズを刊行していただいた。

　この度の新シリーズ刊行は，これまでの取り組みをベースに，ちょうど社会福祉士の新しく改正されたカリキュラムが始まることに対応して新しいシラバスにも配慮しつつ，これからの社会福祉について学べるように改訂し，内容の充実を図るものである。また，これまでのシリーズは社会福祉概論や老人福祉論といった社会福祉の中核に焦点を当てた構成をしていたが，今回のシリーズにおいては，いままで以上に社会福祉士の養成を意識して，社会学や心理学，社会福祉調査等の科目もシリーズに加えて充実を図っているのが特徴である。

　なお，これまでの本シリーズの特徴は，①初心者にもわかりやすく社会福祉を説明する，②社会福祉士，精神保健福祉士，介護福祉士，保育士等の養成テキストとして活用できる，③専門職養成の教科書にとどまらないで社会福祉の本質を追究する，ということであった。この新しいシリーズでも，これらの特徴を継続することを各編集者にはお願いをしているので，これから社会福祉を学ぼうとしている人びとや学生は，そのような視点で社会福祉を学べるものと思う。

　21世紀になり，社会福祉も「地域包括」や「自助，互助，共助，公助」と

いった考え方をベースにして展開が図られてきた。そのような流れの中で，社会福祉士や精神保健福祉士もソーシャルワーカーとしての働きを模索，展開してきたように思うし，ソーシャルワーカー養成も紆余曲折を経ながら今日に至ってきた。複雑多様化する生活問題の解決を，社会がソーシャルワーカーに期待する側面もますます強くなってきている。さらには，社会福祉の専門職である保育士や介護福祉士がソーシャルワークの視点をもって支援や援助を行い，社会福祉士や精神保健福祉士と連携や協働が必要な場面が増加している。それと同時に，社会福祉士や精神保健福祉士としての仕事を遂行するのに必要な知識や技術も複雑，高度化してきている。社会福祉士の養成教育の高度化が求められるのも当然である。

　このまえがきを執筆しているのは，2021年1月である。世の中は新型コロナが蔓延しているまっただ中にある。新型コロナは人びとの生活を直撃して，生活の困難が拡大している。生活の困難に対応する制度が社会福祉の制度であり，それを中心となって担うのが社会福祉の専門職である。各専門職がどのような役割を果たすのかが問われているように思う。

　新型コロナはいずれ終息するであろう。その時に，我々の社会や生活はどのような形になるのであろうか。人びとの意識はどのように変化しているのであろうか。また，そのような時代に社会福祉の専門職にはどのようなことが期待されるのであろうか。まだまだよくわからないのが本当であろうが，我々は社会福祉の立場でこれらをよく考えておくことも重要ではないかと思われる。

2021年1月

監修者　杉本敏夫

はじめに

　2021年度から「地域共生社会の実現を推進し，新たな福祉ニーズに対応できる実践能力を有するソーシャルワーカーを養成する」ことを目的として，社会福祉士・精神保健福祉士の養成カリキュラムの見直しが行われました。日本のソーシャルワーク教育では「ソーシャルワークに“ついては”教える」が，「ソーシャルワーク“を”教えていない」と指摘されるように，ソーシャルワークの方法・技術を実践と関わらせながらどのように伝えていくのかは依然として大きな課題です。カリキュラムの充実を図り，実習時間を増やしたとしても，現場の実践を初歩から支え続け，ソーシャルワーカーとしての意欲をかき立て，自らを専門職として鍛え続けることができる教育をどのように築けるかが問われています。

　本書は，「ソーシャルワークの基盤と専門職」のテキストとして発刊されたものですが，ソーシャルワークの根底にある視座や理論をしっかりと伝えたいという思いから，副題を「理論と方法の基礎」としました。

　わが国では，ソーシャルワーカーの存在の社会的な認知は低く，制度内の業務を遂行し，既存の制度（枠組み）に当てはめるために相談にのる者がソーシャルワーカーであるように思われています。ソーシャルワーカーの支援の出発点は，あくまでもクライエントの「生きることの困難さ」であって面接室や支援計画の作成等にとどまるものではありません。それぞれの人の人生の歴史と未来に深く関わって，その傍らに立ち，声をかけ，家族を支え，制度につなぎ，環境を整え，人間として生きることを支えるのがソーシャルワーカーです。したがって，ソーシャルワーカーには，生活を理解し，相手のなかに入り込んで困難さを「ともに」考える力と理論に即したアプローチを現状にあわせて応用できる実践力が求められます。

　本書を手にする，社会福祉領域で役立ちたいと願う学生をはじめ読者の方々が，試験のためだけではなく，学習の過程や現場実践のなかでソーシャルワーカーの原点に立ち返ることに本書を役立ててくれれば幸いです。

最後になりましたが，発刊の機会をいただいた監修の杉本敏夫先生（関西福祉科学大学名誉教授），分担執筆の労を担われた先生方，企画から校正まで細やかな配慮をいただいたミネルヴァ書房の深井大輔氏，亀山みのり氏に心より感謝申し上げます。

2021年1月

編者　小口将典

目　　次

第Ⅲ部　ソーシャルワークの活動

第Ⅰ部

ソーシャルワークとは

第1章

ソーシャルワークが求められる社会

　本章は，ソーシャルワークとは何かを学ぶための入り口である。ソーシャルワークをはじめて学ぶ学生を主な対象に，現場職員，行政関係者もふくめて，私たちの生活・暮らしに根ざした現場からのソーシャルワーク論を提唱したいと考えている。具体的には，ソーシャルワークと社会福祉の混同を整理し，実践活動としてのソーシャルワークが今求められる背景を述べる。またソーシャルワークを理解するために，その出発点となる生活をどう理解するのか，支援とは何か，一連の流れをもって展開される過程がどのようなものかについても述べる。

1　社会の変化とソーシャルワーク

（1）今，なぜソーシャルワークが求められるのか

　ソーシャルワークとは何か。この問いは，シンプルでありながらとても深い問いである。ソーシャルワークを専攻する4年制大学の学生に問う場合や大学院修了者に問う場合，あるいは社会人としてソーシャルワークの現場で働いている人や教育研究者などそれぞれの置かれた立場や環境によってその答えは異なることだろう。それは，ソーシャルワークそのものが，本質的には揺るがないものではあるが，社会の変化とともにその時どきにおいて変化してきたからである。そして，今も変化しつづけている。すなわち，社会の変化に柔軟に対応できるソーシャルワーカーが求められているのである。

　ソーシャルワークは，すでに100年以上の歴史をもっている。これまでにさ

まざまな定義がなされているが，ソーシャルワークとは何かという問いに対して，必ずしも統一した見解はないように思われる。ソーシャルワークが社会福祉（社会事業）の訳語，あるいはケースワーク，グループワーク，コミュニティワークをはじめ，ケアマネジメントといったものをまとめた総称として曲解されていることも少なくない。このようななかで私たちにとってソーシャルワークとは何かを探究しつづけるところにソーシャルワーカーとして成長するプロセスが存在するのである。

　私たちは，他者との関係性のなかで共に支え合いながら生き，生かされている。決して一人で生きているのではない。どうしようもなくつらい時にそばいてくれる人，楽しい時に共に笑ってくれる人たちとの関係はかけがえのない宝である。これまで人類は，戦争や貧困，自然災害など数多の困難を乗り越えてきた。自分一人では小さな力かもしれないが，人々が助け合い団結し，それらを乗り越えた先に今がある。最近では，全世界をめぐって新型コロナウイルスの脅威にさらされている。この脅威は，誰もが自分自身の身近に感じているできごとであるといえる。この体験を通して，これまでの自身の生活の見直しや新たな生活スタイルの模索など，社会の変化と自身の生活を照らし合わせて変革をしていく時期に直面している。このような社会の変化に一人ひとりが対応していくためには，生活への広い視野と発想が不可欠である。生活への広い視野と発想をあわせもった高度な専門職が，ソーシャルワーカーなのである。

（2）生活をどう理解するのか（生活理解）

　ソーシャルワークが対象とするのは，生活である。生活といってもさまざまな場面があり，社会との関係性のなかで成り立つものもあれば，家族との生活，親しい友人や恋人と過ごす時間，あるいは個人のプライベートとしての時間など，その場面において生活のとらえ方は多様である。

　生活とは，『広辞苑』によると「生存して活動すること。世の中で暮らしてゆくこと[(1)]」である。また，生活に関連する用語は，「生活の質」「生活支援」「生活環境」「生活圏」「生活空間」「生活史（ライフヒストリー）」「生活周期（ライフサイクル）」などが散見される。これらからも生活をめぐる用語や意味，そ

して価値の幅の広さが理解できるだろう。

　しかしながら，人間の生活を理解し，支援していくためには，その人自身の実感を尊重して，独自の広がりや秩序をもって地域性や文化性を考慮した生きざまを生活世界としてとらえるとともに，専門職としての観点からとらえていかなければならない。以下に，ソーシャルワークの領域と広い意味での福祉から生活をとらえたものを紹介したい。

　太田義弘は，私たちが生活している世界を，生活世界，あるいは生活の宇宙（コスモス）としてとらえており，「生活コスモスは，利用者の生きる固有で独特な意味と秩序をもつ現実の生活世界（cosmos）で，人や物事が行き交い相互に変容する環境を含む時間と空間，多様性や実存性が重視される社会・心理的な領域であり居場所である[(2)]」としている。

　また窪田暁子は，「生活を『生命活動』『日々の暮らし』『生涯』の３つの次元でとらえている。そして英語の Life をそのまま生活と訳すことが常に最適であるとは限らない[(3)]」としている。そこで窪田は，「ライフ（Life）を『生』と訳すと，『生活』よりもはるかに深く，３つの次元（『生命活動』『日々の暮らし』『生涯』）の内容をともに含んでいることの重みを伝えることができるように思う[(4)]」と述べている。

　このように生活は，広い視野からとらえるならば，人間の生涯を意味していることであるとともに，細かくみれば，日々の暮らしの積み重ねが流れをもって構成している生の営みそのものであると理解することができる。それは，生の延長線上に死が訪れることも意味している。

　より具体的にソーシャルワークの視点から生活をとらえたものが図１-１のようになる。ソーシャルワークでは，生活をミクロ→メゾ→エクソ→マクロの視点からとらえることを基本とする。たとえば，利用者一人ひとりの生活を中心に，家族も含めた支援を展開する場合が少なくない。その根底にあるものは，利用者や家族が抱えるニーズや課題などである。それらの解決のために周辺の環境である職場や学校，施設，病院などを視野に入れる。また，行政の制度などをどのように活用し，社会や国家のなかで，どのようにしてよりよく改善していくべきなのかを利用者と共に考えていくのである。

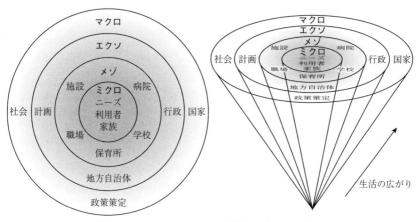

図1-1　ソーシャルワークの視点からとらえた生活

出所：松久宗丙（2015）「ソーシャルワークの基本的な考え方」小口将典編『臨床ソーシャルワーク——いのちと歩む高度専門職へのみちすじ』大学図書出版，28頁。

（3）ソーシャルワークの定義（グローバル定義）

　ソーシャルワークの定義に関しては，それぞれの団体や論者によってさまざまな定義がある。定義を比較することや，それぞれの時代背景を参考に整理してみることで，当時のソーシャルワークの定義の意義を理解することへとつながる。

　詳しくは第2章にゆずるが，代表的なものにはたとえば2014年に IFSW（国際ソーシャルワーカー連盟）の総会において見直されたソーシャルワークのグローバル定義がある。現在のソーシャルワークの領域において，ある意味で一般的に広く紹介されている定義であるが，この定義に関してもさまざまな見解があるようである。

2　ソーシャルワークと私たちの暮らし

（1）利用者とソーシャルワーカーとのパートナーシップ

　ソーシャルワークは，私たちの暮らしにどのように関わっているのだろうか。ソーシャルワークは，さまざまな領域で展開されている。それらの領域・職

域とは，行政関係，福祉関係（高齢者領域，障害者領域，児童・母子領域，生活困窮者自立支援・生活保護領域等），医療関係，教育関係，司法関係，独立型事務所等である。このようにソーシャルワークと私たちの生活は，密接に関係しているのである。

　ソーシャルワークを専門とする人をソーシャルワーカーと呼んでいる。ソーシャルワーカーは，利用者と共に考え，悩み，よりよい方向へと向かっていく過程のなかで，利用者とソーシャルワーカーとのパートナーシップを大切にしなければならない。利用者とソーシャルワーカーとのパートナーシップを築いていくプロセス，言い換えれば，利用者に心を開いてもらうための方法として，吉川武彦は，多くの人は，「なにをして上げたらいいだろうか」と考えるようだが，第一に「この方はいったい何をして欲しいと思っておられるか」を考えるという。この両者はとても似ているが，じつは，かなりの違いがある。もちろん，思いやりがなければ「なにをして上げたらいいだろうか」と考えるはずはないからこれはこれでとても大切な心がけであるが，こう思う前に「この方がなにをしてほしいと思っているか」を考えることに慣れてほしいと思うと述べている。[5]

　小笠原祐次は，専門的な知識や考えがしっかりあって，理論的発言ができ，技術的に確かであるとしても，口先だけではなんの意味もないと述べる。こんなことは誰でも知っていることであるが，意外に口先だけで，身体の動きが伴わない人もいる。専門職としての知識や理論，技術も大切であるが，それ以上に惜しみなく身体を動かすことができることが何より大切であるという。[6]

　わが国では，国家資格である社会福祉士がすなわちソーシャルワーカーとして位置づけられているが，必ずしもそうではない。社会福祉士は，1987（昭和62）年に社会福祉士及び介護福祉士法の制定により国家資格として誕生した。しかし，社会福祉士が国家資格として制度化される以前からソーシャルワークを実践している者や，国家資格である社会福祉士を保有していなくてもソーシャルワークを実践している者もいる。したがって，現在と未来において，ソーシャルワークを実践する人は社会福祉士の国家資格を保有していることが望ましいが，過去において資格制度にこだわることなくソーシャルワークを実

践してきた人たちへの敬意を忘れてはならない。これらの先人たちの実践の歴史があって，今日の私たちの暮らしへとつながっているのである。

（2）ソーシャルワークの特性

ソーシャルワークは，社会変化の影響を受けながら変遷してきているといえるが，どれだけ社会が変化しようとも揺るがない本質が存在している。それは，ソーシャルワークの特性を考えると見えてくるものと類似しているといえる。言い換えるならば，さまざまなものを削ぎ落として残った核と考えることができる。

ソーシャルワークを一言でまとめるならば，ソーシャルワークの特性は，生活・支援・過程である。

生活については，前節第2項の「生活をどう理解するのか（生活理解）」を参照してほしい。

支援について，利用者とソーシャルワーカーが，共に悩んで考えていくこと（参加と協働）を通して課題を解決し，あるいは，自己実現をめざすためにソーシャルワークの方法や技術を用いてよりよい生活へと高めていくことである。

過程について，ソーシャルワークは利用者とソーシャルワーカーが一緒になって取り組んでいくプロセスであり，一方的な支援ではない。時に，前に進むこともあれば，戻ることもある。ソーシャルワークには，流れがあり，循環しているのである（図1-2）。

ソーシャルワークはこのように，流れをもって構成した実践であると理解することができる。

（3）ソーシャルワークの支援プロセス

ソーシャルワークの支援プロセスについては第8章で詳しく述べるため，ここでは支援プロセスの流れについてふれておくこととする。

前項にて，ソーシャルワークは利用者とソーシャルワーカーとのパートナーシップを大切にしていると述べた。では，どのような支援プロセスがあるのか，その概要を紹介しておきたい。ソーシャルワークの支援プロセスの入り口は，

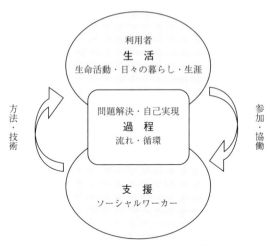

図1-2　ソーシャルワークの特性

出所：太田義弘・中村佐織・安井理夫編（2017）『高度専門職業
としてのソーシャルワーク——理論・構想・方法・実践の科
学的統合化』光生館，21頁を一部改変。

①ケースの発見からはじまり，②インテーク（受理面接），③アセスメント（事
前評価），④プランニング（支援計画の策定），⑤インターベンション（支援の実
施・介入），⑥モニタリング（経過観察）から場合によっては再アセスメントを
経て，⑦エバリュエーション（事後評価），⑧ターミネーション（終結）の支援
プロセスを循環しながら展開される。このすべての過程で，パートナーシップ
を大切にすることが求められる。

3　社会福祉とソーシャルワークの違い

（1）社会福祉とは

　社会福祉とソーシャルワークは，同義の概念として明確に区別されず，曖昧
なまま曲解されているように思う。そこで，社会福祉とソーシャルワークを明
確に区別して理解しておきたい。

　社会福祉の歴史として，社会福祉は，社会事業といわれていた。それらも，
人々の生活を対象としていたことはソーシャルワークと共通している。しかし，

社会福祉（当時の社会事業）は，主に人々の生活をよくしていくための制度・政策の整備に焦点を当てていたと考えられる。これは，その時どきの社会の情勢に応じてさまざまな制度・政策が整備されてきた歴史からも明らかである。たとえば，第二次世界大戦が終結して以降の日本の状況として，町には，貧困に苦しむ人があふれた。その対応策として，生活保護法が整備されたという経緯がある。また，戦争で親を亡くした子どもたちのために児童福祉法が成立したこと，戦争で負傷した兵士たちが海外から帰還した頃には身体障害者福祉法が成立したことなどからも，社会福祉は社会の状況に対応するための制度・政策として整備されてきたものであることが理解できるだろう。

（2）ソーシャルワークがたいせつにしていること

　これに対して，ソーシャルワークの実践活動がたいせつにしていることとして以下の点がある。
　①　わかりやすい言葉と表現
　ソーシャルワーカーは，利用者の生活を広くとらえ，わかりやすい言葉と表現を心がける必要がある。物事がよくわかっていない人ほど，難しい言葉や専門用語を多く用いて論理的に展開しようとしがちである。しかし，利用者の立場で考え，難しい表現ではなく，シンプルに伝えることの方が利用者の心に響くものである。目に見えるもの，耳に聞こえるものがすべてではない。目に見えないもの，耳に聞こえないものの方が重要である場合もある。大切なことは，何を説明したかではなく，どう伝え，伝わったのかということ，また物事の本質をわかりやすい言葉と表現で語りかけることである。
　②　話しやすい環境と態度
　利用者とソーシャルワーカーがはじめて会って話をする場合，ソーシャルワーカーよりも利用者は緊張している場合が少なくない。たとえば，ある高齢者（利用者）が施設への入所のため相談と見学に施設を訪れた際，施設職員（ソーシャルワーカー）が施設の説明とさまざまな聞き取りをする。そのような場面においては，聞き取りの項目にしたがって質問するのではなく，施設の説明をする過程で会話のなかからソーシャルワーカーが聞き取りたい内容を自然

と抽出するように心がける必要がある。たとえば座る位置においても，真正面で座ると誰でも緊張しやすいため，チェアーテクニックといった技法も用いて斜めに座るようにするなどで，緊張を少しだけ和らげることができる。また，利用者が座っており，ソーシャルワーカーは立っている場合などは，利用者と同じ高さの目線までソーシャルワーカーが腰をかがめて話すことも大切である。なぜなら，上から見下ろすようなかたちだと威圧的な態度になってしまうからである。このように細かな点に配慮することもソーシャルワーカーとしての力量の1つである。

③　共感と敬意

利用者とソーシャルワーカーは，それぞれが尊重されるべき個人である。もしも自分が利用者側であったならどう感じるだろうかと相手の立場に置き換えて考えてみることも大切である。相手の立場で考えてみることでわかってくることもある。一方で，他者だからこそわかることもある。決して相手の立場に置き換えて考えることが共感ではなく，共感する他者として共に歩むことも重要である。また，誰にでも自分の知らないことの1つや2つは必ずあるだろう。人は，本を読めば読むほど謙虚になる。それは，自分の知らないことがこんなにもたくさんあるのかとわかるからである。時に，支援者側は，「～してあげている」といった感覚に陥ることもあるだろう。その際に最も重要であり揺らいではいけないことは，利用者への共感と敬意である。特に一人の人間としての敬意がなければ，利用者とソーシャルワーカーとの信頼関係は成り立たないのである。

（3）制度としての社会福祉から実践としてのソーシャルワークへ

本章では，ソーシャルワークが求められる社会について，生活への広い視野と発想の大切さを述べた。社会福祉とソーシャルワークが同義の言葉のように理解されてきているが，両者は別の概念である。明確に分けて理解するために，制度・政策としての社会福祉と実践活動としてのソーシャルワークとしてまとめた。太田は，「施策論としての建前の社会福祉から，高度な専門性と科学性を具備した実践活動としての本音のソーシャルワークへと，社会福祉に対する

視野や発想を一大転換していかねばならない[7]」と警鐘を鳴らしている。制度・政策が利用者を幸せへと導くのではない。利用者の幸せは，利用者自身が創り上げていくものである。ソーシャルワーカーは利用者とのパートナーシップを大切にして共に歩むのである。安井理夫は，「ソーシャルワークの技術の基盤として，ごくふつうに生きている人のごくふつうの感性を尊重すること[8]」の大切さを述べている。利用者一人ひとりの考え方，物事のとらえ方の違いは当然のことであって，利用者の感性を尊重することこそソーシャルワークの基本である。

　さらに，利用者自身がそれぞれの感性をもっていることと同じように，ソーシャルワーカーも一人の人間としてそれぞれの感性をもっている。津田耕一は，「ワーカーは，一人の人間であり，失敗もある。自己嫌悪に陥ることもあるだろう。だが，何よりも自分自身を大切にすべきである。自分を大切に思えないと利用者も大切に思えない[9]」と述べている。このことは，ソーシャルワークに限らず，広い意味での福祉においてもとても重要なことであり，現場・臨床を経て論じている人だからこそ言える説得力をもったものであると共感できる。

　ソーシャルワークを論じるには，臨床での経験がなければ，なんの説得力もなく，読者の心や魂に響くことはないだろう。それは，制度・政策としての社会福祉がどれだけ整備されたとしても，それらを活用する利用者とソーシャルワーカーのパートナーシップがなければ，絵に描いた餅になってしまうことを意味している。実践活動のなかにこそソーシャルワークの本質が存在するのである。ソーシャルワークは，制度・政策としての社会福祉を活用し，まるで生き物のように呼吸しながら社会の状況に柔軟に対応し，変化しつづける実践である。だからこそ，今，ソーシャルワークが求められているのである。

注

(1)　新村出編（2008）『広辞苑　第六版』岩波書店，725頁。

(2)　太田義弘（2017）「ソーシャルワークの意義と概念」太田義弘・中村佐織・安井理夫編『高度専門職としてのソーシャルワーク――理論・構想・方法・実践の科学的統合化』光生館，18頁。

(3)　窪田暁子（2013）『福祉援助の臨床――共感する他者として』誠信書房，4頁。

(4)　(3)と同じ，6頁。

(5)　吉川武彦（2008）『精神科医吉川武彦＆ドクターＫのボケ介護日誌』クオリティ
　　　ケア，162頁。

(6)　小笠原祐次（1995）『介護の基本と考え方――老人ホームのしくみと生活援助』
　　　中央法規出版，176頁。

(7)　太田義弘（2008）「社会福祉政策からソーシャルワークへ――建前としての社会
　　　福祉と本音のソーシャルワーク」『関西福祉科学大学紀要』11，108頁。

(8)　安井理夫（2009）『実存的・科学的ソーシャルワーク――エコシステム構想にも
　　　とづく支援技術』明石書店，204頁。

(9)　津田耕一（2008）『利用者支援の実践研究――福祉職員の実践力向上を目指して』
　　　KUMI，248頁。

学習課題

①　「生活って何ですか？」と質問されたら，どう説明しますか。

②　ソーシャルワーカーが大切にしていることについて，利用者側の立場から，こん
　　なふうに話してもらえたらいいなと思うことを考えてみよう。

③　社会福祉とソーシャルワークの違いについて考えてみよう。

コラム　学問とは，問うことを学ぶことである──ソーシャルワークを学びつづけて

　私は，臨床でソーシャルワークとは何かを追い求め，学びつづけています。ソーシャルワークの神様と呼ばれている先生からソーシャルワークとはどういうものなのかを直接教わった末端の弟子のつもりです。また，高齢者福祉や論文の書き方，プレゼンテーションの方法，わかりやすい表現などを厳しくもあたたかく教えていただいた恩師たちのおかげで今があると感謝しています。だからこそ，本書の第 1 章の執筆では，こだわりのソーシャルワーク論をできる限りわかりやすく，平易な言葉でまとめたつもりです。恩師から「学問とは，問うことを学ぶことである」とメッセージをいただいたことがあります。本書の第 1 章で「人は，本を読めば読むほど謙虚になる。それは，自分の知らないことがこんなにもたくさんあるのかとわかるからである」と書きました。人として，謙虚であるべきであると思います。日々，臨床に身を置きながらさまざまな人たちに支えられながら生かされていると実感しています。

　大学や大学院で勉強や研究ができるということが，いかに贅沢なことであるのかを実感しています。大学の本質は，討論・議論ができることです。本を読んでわかることなら大学へ行く必要はないのです。インターネットで情報や知識だけ得ればよいというものではありません。大学では，回廊の上から大勢に向かって語りかけ，自分の意見を言います。討論・議論こそが大学の命であるといえます。学生も教師もありません。若くてもそうでなくても，専門家であってもなくても平等に討論ができることこそ大学へ行く意義なのです。本書がその討論の端緒になればと思います。そして，臨床で問うことを学びつづけてほしいと思います。ソーシャルワークには，臨床でなければ，研ぎ澄ますことのできない感覚というものがあります。その先に，ソーシャルワーカーでなければ見ることのできない美しい景色が広がっていると信じて。

松久　宗丙

第2章

ソーシャルワークの専門職

　ソーシャルワーカーの仕事は「見えにくい」といわれている。本章では，この「見えない」技術を駆使して展開されるソーシャルワークについて，定義や視座をもとに考え，またソーシャルワーカーとはどのような専門職であるのかを考えてみよう。さらに，ソーシャルワークにおいて用いられる援助技術から，今日ソーシャルワーカーにはどのような役割が求められているのかについて理解を深める。

1　ソーシャルワーカーとはどのような専門職か

（1）見えないソーシャルワーカーの働き

　ソーシャルワークを学んでいるみなさんは，これまでにソーシャルワーカーに出会ったことがあるだろうか。多くの学生がソーシャルワーカーをめざしていながらも，実際にはどこで，何をしているのか，その専門性は何かを明確にイメージできていないのが現状ではないだろうか。

　わが国では，1987（昭和62）年に社会福祉士がソーシャルワーカーの国家資格として成立した。それから30年以上が経過したが，その存在と専門職としての社会的認知はいまだに低い。その1つの理由として，ソーシャルワーカーによる支援活動は「見えにくい」ことが挙げられる。西尾祐吾らは，社会福祉を大きく分けると「法制度，機関，施設，団体」というように「目に見える部分」と，それらを有効に機能させるために必要な知識と体系と技能などの「目に見えない部分」があるとしている（図2-1）。

社会福祉─┬─┤見える部分│
- 法制度（各福祉法，社会保障，その他の関連法など）
- 機関（福祉事務所，児童相談所など）
- 施設（各福祉法に規定された福祉施設）
- 団体（社会福祉協議会，非営利福祉団体）
- 関連法に基づく病院，学校など
　　　　└─┤見えない部分（ソーシャルワーク）│
- 直接援助（ケースワーク，グループワーク，ケアマネジメント）
- 間接援助（コミュニティワーク，アドミニストレーション，リサーチ，
　　ソーシャル・アクションなど）

図2-1　社会福祉の「見える部分」と「見えない部分」

出所：西尾祐吾・橋高通泰・熊谷忠和編著（2005）『ソーシャルワークの固有性を問う──その日本的展開をめざして』晃洋書房，2頁の図を一部改変。

「見える部分」である社会福祉実践の場に従事する者が，体系化した専門的な知識・価値・技術をあわせもっていなければ，単なる「決まりごと」や「建物」になってしまう。社会福祉の法律や，そこに規定されているさまざまな制度とサービスは，それを必要としている人々に適切に結ばれてはじめて意味をもつ。福祉を必要としているクライエントと支援サービスをつなぎ，その主体的な問題解決を支える機能と役割を果たすことがソーシャルワーカーによる支援活動である。具体的には，表2-1のような機能と役割を担っている。

　ソーシャルワークを学ぶとは，こうした「目には見えない」実践における知識と技術，価値を体系的に学ぶということである。

（2）ソーシャルワークを担う専門職

　すでに第1章でも述べられているように，ソーシャルワークを専門としている人はソーシャルワーカーと呼ばれ，さまざまな領域で活躍している。わが国では，社会福祉士がソーシャルワーカーの国家資格として位置づけられている。ここでは，社会福祉士の資格が生まれた経緯と，法律による位置づけからその役割をみてみよう。

① 国家資格としての社会福祉専門職

　戦後，わが国の社会福祉に従事する人の資格には「社会福祉主事」「保育士」

表2-1　ソーシャルワークの機能と役割

機　能	役　割
仲介機能	クライエントと社会資源との仲介者（ブローカー）としての役割
調停機能	クライエントや家族と地域社会の間での意見の食い違いや争いが見られるとき，その調停者としての役割
代弁機能	権利擁護やニーズを自ら表明できないクライエントの代弁者（アドボケーター）としての役割
連携機能	各種の公的な社会的サービスや多くのインフォーマルな社会資源の間を結びつける連携者（リンケージ）としての役割
処遇機能	施設内の利用者に対する生活全体の直接的な援助，指導，支援者としての役割
治療機能	カウンセラーやセラピストとしての役割
教育機能	クライエントに情報提供をしたり，新たなソーシャル・スキルを学習する場を提供する役割
保護機能	子ども等の保護者としての役割
組織機能	フォーマル，インフォーマルな活動や団体を組織する者（オーガナイザー）としての役割
ケアマネジャー（ケースマネジャー）機能	個人や家族へのサービスの継続性，適切なサービスの提供などのケースマネジャーとしての役割
支援者機能	対象者が自ら目的を達成するための行動をなしうるように側面的に援助をする役割
管理機能	ある目的をもった組織においてその目的を達成していくたの方針や計画を示し，組織が適切に機能していくための維持・調整・管理の役割などを担う
社会変革機能	地域の偏見・差別などの意識，硬直化した制度などの変革を行う社会改良・環境の改善を働きかける役割

注：以下の論文を参考に作成されている。日本社会福祉実践理論学会ソーシャルワーク研究会（1998）「ソーシャルワークのあり方に関する調査研究」『社会福祉実践理論研究』7，69〜90頁および谷口泰史（1999）「ソーシャルワーカーの機能と役割」太田義弘・秋山薊二編『ジェネラル・ソーシャルワーク』光生館，155〜200頁。
出所：鶴宏史（2009）『保育ソーシャルワーク論——社会福祉専門職としてのアイデンティティ』あいり出版，74頁の表を一部改変。

などがあった。社会福祉主事は，主に福祉事務所などの福祉六法に定める職務に任用される者に必要とされる資格であり，「社会福祉主事任用資格」とも呼ばれている。この資格は，社会福祉従事者の基礎資格として1950（昭和25）年の社会福祉主事の設置に関する法律によって定められ，現在も社会福祉法に任

用資格についての規定がなされている。⁽²⁾

その後，高度経済成長に伴う社会変化が，人々の生活に多様な困難さを生み出すことになった。福祉においてより専門的な知識や技術が求められるようになり国家資格としての社会福祉専門職が必要とされた。

② 社会福祉士及び介護福祉士法の制定

1978（昭和62）年に制定された社会福祉士及び介護福祉士法は，「社会福祉士及び介護福祉士の資格を定めて，その業務の適正を図り，もつて社会福祉の増進に寄与すること」（第1条）を目的として，社会福祉専門職の国家資格化を制度化するものであった。こうして，社会福祉の専門的な知識や技術によって，さまざまな相談援助業務を行う社会福祉士と，高齢者や障害者の介護の専門職として介護福祉士が同時に誕生した。2020（令和2）年現在では，25万409人が有資格者として登録されている。

同法の第2条では，社会福祉士を次のように示している。

> 社会福祉士の名称を用いて，専門的知識及び技術をもつて，身体上若しくは精神上の障害があること又は環境上の理由により日常生活を営むのに支障がある者の福祉に関する相談に応じ，助言，指導，福祉サービスを提供する者又は医師その他の保健医療サービスを提供する者その他の関係者（中略）との連絡及び調整その他の援助を行うこと（中略）を業とする者をいう。

（3）名称独占としての位置づけ

社会福祉士の特性の1つとして，「業務独占」ではなく「名称独占」資格であることが挙げられる。つまり，社会福祉士でなくても社会福祉士領域の仕事に従事することはできるが，社会福祉士と名乗って仕事をすることができないということである。しかし，近年では名称独占でありながらも，限定的な業務独占としての動きもみられるようになってきた。たとえば，2006（平成18）年に創設された地域包括支援センターへの社会福祉士の設置はその代表的なものである。行政や病院などのソーシャルワーカーの採用においても社会福祉士の資格を有していることを条件としていることも多くなっている。

表2-2　社会福祉士に求められる義務

誠実義務 （第44条の2）	社会福祉士及び介護福祉士は，その担当する者が個人の尊厳を保持し，<u>自立した日常生活を営むことができる</u>よう，常にその者の立場に立って，誠実にその業務を行わなければならない。
信用失墜行為の禁止 （第45条）	社会福祉士又は介護福祉士は，社会福祉士又は介護福祉士の信用を傷つけるような行為をしてはならない。
秘密保持義務 （第46条）	社会福祉士又は介護福祉士は，正当な理由がなく，その業務に関して知り得た人の秘密を漏らしてはならない。社会福祉士又は介護福祉士でなくなった後においても，同様とする。
連携 （第47条）	社会福祉士は，その業務を行うに当たっては，その担当する者に，福祉サービス及びこれに関連する保健医療サービスその他のサービスが総合的かつ適切に提供されるよう，<u>地域に即した創意と工夫を行いつつ</u>，<u>福祉サービス関係者等との連携</u>を保たなければならない。
資質向上の責務 （第47の2）	社会福祉士又は介護福祉士は，社会福祉及び介護を取り巻く環境の変化による業務の内容の変化に適応するため，相談援助又は介護等に関する<u>知識及び技能の向上</u>に努めなければならない。

注：「誠実義務」と「資質向上の責務」は2007（平成19）年の改正によって加わったものであり，またあわせてこの際「連携」についてはその範囲が拡大された。
出所：筆者作成。

（4）社会福祉士に求められる義務

　社会福祉士及び介護福祉士法では社会福祉士に求められる義務として，5つのことが規定されている（表2-2）。

　「誠実義務」と「資質向上の責務」は，利用者本位の福祉サービス利用をサポートするため専門職としての高い倫理性をもち，利用者の立場に立った専門的知識と技術を研鑽しつづけることが明記されている。また，「連携」については，「医療関係者との連携」のみならず関連職種・機関との幅広い連携が義務づけられている。これは，社会福祉士には地域の実情にあわせた社会資源の開発やネットワーク形成，個別のニーズを的確にとらえて支援をコーディネートしていく役割が求められているといえる。

2　ソーシャルワークの定義

（1）ソーシャルワークのグローバル定義

ソーシャルワーカーの国際組織である IFSW（国際ソーシャルワーカー連盟）では，ソーシャルワークを次のように定義している。これは，2000年の定義を14年ぶりに改正したものである。

> ソーシャルワークは，社会変革と社会開発，社会的結束，および人々のエンパワメントと解放を促進する，実践に基づいた専門職であり学問である。社会正義，人権，集団的責任，および多様性尊重の諸原理は，ソーシャルワークの中核をなす。ソーシャルワークの理論，社会科学，人文学，および地域・民族固有の知を基盤として，ソーシャルワークは，生活課題に取り組みウェルビーイングを高めるよう，人々やさまざまな構造に働きかける。
> 　この定義は，各国および世界の各地域で展開してもよい。
> 　　　　　　　訳：社会福祉専門職団体協議会国際委員会・日本福祉教育学校連盟。

日本ソーシャルワーカー協会や日本社会福祉士会は，このグローバル定義の解説を示しているが，それらを整理すると表2-3のようにまとめることができる。

定義の解説書によると，ソーシャルワークの目的は「自己実現と幸福の追求であり，人々が主体的に生活課題に取り組みウェルビーイング（Well-being）を高められるよう人々に関わるとともに，ウェルビーイングを高めるための変革に向けて人々とともにさまざまな構造に働きかけること」とされている。その任務は，問題を抱えている個人のみを対象とするものではなく，人々が生活している「社会の変革」をも促すことである。また，エンパワメントの考え方のなかでクライエントは強さ（strength）をもっており，クライエント自らが問題を解決していけるように支援することもソーシャルワークでは重視される。そして，その実践は「『人間と環境（person in environment）』との相互作用する接点に介入し，クライエントの『自立（independence）』だけに留まるのではな

表2-3　ソーシャルワークの概念解説

①	基　　本	実践に基づいた専門職であり，一つの独立した学問領域である
②	目　　的	自己実現，幸福の追求
③	原　　則	社会正義，人権，集団的責任，多様性の尊重
④	任　　務	社会変革，社会開発，社会的結束，エンパワメント，解放
⑤	知	ソーシャルワークの理論，社会科学，人文学，地域・民族固有の知
⑥	実　　践	人間と環境との相互作用する接点に介入
⑦	対　　象	人間や社会構造
⑧	方　　法	人々とともに，参加と協働

出所：松久宗丙（2015）「ソーシャルワークの基本的な考え方」小口将典編『臨床ソーシャルワーク』大学図書出版，31頁。

く，『自立し合ってお互いを尊重し合う（interdependence）』をめざす[3]」ものである。

　さらに，改正によってソーシャルワークの「知」について詳しく示されたことは大きな意味がある。ソーシャルワークを実践してきた先人たちの英知にあわせ，国としての民族の「知」だけではなく，人々の暮らしのなかで生み出され受け継がれている「固有の知」が重視され，それぞれの地域におけるソーシャルワークの幅と深さが改めて示されたといえる[4]。

（2）ソーシャルワークのいろいろな定義

　これまで，ソーシャルワークのグローバル定義について解説してきた。その他にもソーシャルワークの定義は，それぞれの団体や論者によって示されている。ここでは，いくつかのソーシャルワークやソーシャルワーカーについての定義を紹介する。それぞれの時代や地域において，ソーシャルワークがどのように示されているのかを知ることを通して，ソーシャルワーカーの固有の視点を理解し，社会に存在することの意義について考えてみよう。

日本社会福祉士会の倫理綱領前文（2020）

　われわれ社会福祉士は，すべての人が人間としての尊厳を有し，価値ある存在であり，平等であることを深く認識する。われわれは平和を擁護し，社会正義，人権，

集団的責任，多様性尊重および全人的存在の原理に則り，人々がつながりを実感できる社会への変革と社会的包摂の実現をめざす専門職であり，多様な人々や組織と協働することを言明する。

　　　注：ソーシャルワークの定義は，IFSW のグローバル定義を採用している。

　　　　　　　　　　　　　　　　　　　倫理綱領は本書巻末資料を参照。

英国ソーシャルワーカー協会の倫理綱領（2012）[5]

　ソーシャルワークは人間性への奉仕と道徳的高潔さと職業的能力によって，人間の尊厳への敬意を促進し，社会的公正を追求すべき実践である。その5つの基本原則は，人間の尊厳と価値，社会的公正，人間性への奉仕，道徳的高潔，能力である。人間のウェルビーイングと社会的公正への利益でのサービスがソーシャルワークの一義的な目的であり，その基本的なゴールは，①個人と社会のニーズを満たす，②人々にその潜在能力を発展させる，③より公平な社会の創造に貢献することである。（英国ソーシャルワーカー協会の倫理綱領，BASW　British Association of Social Worker, 2012）

　　　注：ソーシャルワークの定義は，IFSW のグローバル定義を採用している。

　　　　　　　　　　　　　　　　　　　　　　　訳：得津慎子によるもの。

第1回ソーシャルワーカーデー宣言（国民へのアピール）（2009）[6]

　ソーシャルワークとは，基本的人権の尊重と社会正義に基づき，福祉に関する専門的知識と技術を用いて，生活上の困難や苦痛を有している人に寄り添い，その人と共にその困難や苦痛の解決を図り，一人ひとりの幸福と自立した生活の実現を支援することです。そして，このような支援を行う専門職のことをソーシャルワーカーと呼びます。

全米ソーシャルワーカー協会の倫理綱領（2008）[7]

　ソーシャルワーカーの第一義的使命は人間のウェルビーイングを昂進し，すべての人びとの基本的なニーズがみたされる援助をなすことである。とりわけぜい弱で抑圧された貧困のなかで生活する人びとのニーズに着目し，エンパワメントするものである。ソーシャルワークの歴史的にも定義される特徴は社会的文脈上個人の

ウェルビーイングと社会のウェルビーイングに焦点化する。ソーシャルワークの基盤は生活上の問題を作り，促進し，表明する環境への力の着目である。

(NASW　National Association of Social Workers 2008)

訳：得津愼子によるもの。

太田義弘の定義（2005）[8]

　ソーシャルワークとは，人間と環境からなる利用者固有の生活コスモスに立脚し，より豊かな社会生活の回復と実現への支援を目標に，即時な支援レパートリーの的確な活用による社会福祉諸サービスの提供と，利用者自らの課題解決への参加と協働を目指した支援活動の展開であり，さらに社会の発展と生活の変化に対応した制度としての社会福祉の維持，その諸条件の改善・向上へのフィードバック活動を包括・統合した生活支援方法の展開過程である。

ブトゥリムの定義（1976）[9]

　ソーシャルワークは，その他の「援助専門職」と同様に，困難の予防と，それからの解放を通して，人間の福祉の向上をはかることをめざしている。ソーシャルワークの固有の関心は，つねに，人間の生活の問題に向けられてきた。しかし，この関心のあらわれ方は，時代とともに，さまざまな理由で変化してきている。

訳：川田誉音によるもの。

（3）ソーシャルワークの定義が意味するもの

　このようにソーシャルワークの定義は，社会のなかで起こる人々の生きるうえでの多様な困難への視点や，その渦中にある人々の傍らに立つ視野と発想の広がりへとつながっている。この定義のとらえ方は，それぞれの国や地域，所属する団体によってもさまざまであるが，拠り所とする基盤は同じである。

　ソーシャルワークの定義が示すものは，クライエントが抱える困難さの「とらえ方」と，困難な状況に置かれているクライエントとその環境に対する「働きかけ」の視点であり，ソーシャルワークという固有性をもった支援の基盤を示したものであるといえる。

3　ソーシャルワークに用いられる技術の体系と視座

（1）ソーシャルワークの体系

次に，ソーシャルワークにおける援助技術についてみてみよう。

ソーシャルワークは，クライエントに対して直接的な働きかけを行う直接援助技術，クライエントを取り巻く環境や社会資源など間接的な側面に働きかけを行う間接援助技術，直接援助技術や間接援助技術に深く関わり合いながら，援助活動を有効に機能させることを支える関連援助技術の3つに分けることができる（表2-4）。これらの3つの援助技術の関係は，それぞれが独立して行われるのではなく，ソーシャルワーク実践の過程において相互に組み合わせられて展開される。

窪田暁子は，ソーシャルワーカーの働きを「『福祉の現場』で問題を抱えた人々からの訴えに直接関わり，生活問題の渦中にいる個人，家族，さらに地域にまで拡大して，福祉制度の利用を図り，相談にのり，さまざまの具体的援助を展開するものである」とし，常にクライエントから得ることのできた情報や反応に基づいて，ソーシャルワーカーの関わり方や提供する社会資源を変化・調整することの必要性を述べている。ソーシャルワークは，型にはまった支援を慣用的に行うものではなく，クライエントの生活のなかで引き起こされる偶発的，突発的事態への対応や，季節による小さな生活の変化も包容し，全体として生活に向かって進んでいく意図的な取り組みでなくてはならない。

（2）医学モデルから生活モデルへ

ソーシャルワークは，これまで医学や精神分析学，心理学，社会学などさまざまな領域の学問の影響を受けて発展してきた。初期のソーシャルワークにおいてクライエントに対する視点は，フロイト（S. Freud）の精神分析理論の影響を受けており，病理的視点や問題点などに焦点が置かれていた。支援においては，クライエントのいわば問題点となるべき点に着目して，たとえば障害者への支援においても，障害の克服や健常者に近づけることが重視された。これ

表2-4　社会福祉援助技術の体系と内容

	援助技術レパートリー	主要技法	対象	目標	特性	内容
直接援助技術	個別援助技術（ケースワーク）	面接	個人・家族・関係者	ニーズの充足・社会生活の維持と向上への支援	福祉サービスの提供と活用・環境調整	相談に応じてクライエントのストレングスや問題解決能力、内的・外的資源の活用や環境調整によって、エンパワメントを促す支援
	集団援助技術（グループワーク）	グループ討議・利用者相互の話し合い	小グループ・関係者	小グループの共通課題達成への支援	グループ活動とプログラムの展開	クライエント同士の相互作用により、クライエント個々人とグループの成長と課題解決を目指す支援
間接援助技術	地域援助技術（コミュニティワーク）	協議会活動・地域福祉活動構成メンバーによる話し合い	地域住民と地域組織の関係者	地域福祉課題の解決と住民組織化への支援	地域福祉サービスの提供と地域福祉活動の展開	地域における課題や問題に対して、住民や自治体、各種の専門機関や団体などが組織的・計画的に活動して住民主体の解決を促す支援
	社会福祉調査（ソーシャルワークリサーチ）	量的調査法・質的調査法テストなど	個人・家族・社会福祉従事者・一般市民	ニーズ把握とサービス評価・施策改善への情報提供	ニーズとサービスの適合性の整備・フィードバック	個人や集団、地域などのデータを収集・分析して、有効なサービスや支援の方法を検討する
	社会福祉運営管理（ソーシャル・ウェルフェア・アドミニストレーション）	運営協議会・理事会・各種委員会活動	運営管理者・社会福祉従事者・利用者・関係者	サービスの計画・運営改善とニーズのフィードバック	運営管理者・社会福祉従事者・利用者の参加と協働	社会福祉施設・機関を運営・経営していくための技術
	社会活動法（ソーシャルアクション）	集会・署名・請願・陳情・交渉・デモ・裁判など	当事者グループ・ボランティア・一般市民・関係者・社会福祉従事者	社会福祉サービスの改善向上・施策策定・社会改善	世論の喚起・参加協働・社会や行政の対応	制度や環境に対する改善の要求や、新たな枠組みの提案などを働きかける

	技術名	方法	対象	目的	機能	目標・内容
	社会福祉計画法（ソーシャル・ウェルフェア・プランニング）	地域福祉推進計画	施設機関・行政・住民・社会福祉従事者・関係専門家	地域福祉ビジョンの策定・計画・実施計画の立案	ノーマライゼーション・統合化・参加と連携	計画策定過程に住民参加を組み込み、地域住民の福祉ニーズの充足を目指す支援
関連援助技術	ネットワーク	社会福祉サービス調整会議	個人・家族・社会福祉従事者・ボランティア・関係者	支援組織の育成と地域福祉の展開	ミクロからマクロの支援組織網の整備と推進	クライエントを支える支援サービスをコーディネートする
	ケアマネジメント	支援サービス担当者会議 資源の調整配置	個人・家族・社会福祉従事者・関係者	利用者中心サービス提供計画と運営の推進	ニーズとサービスの適合化・サービスシステムの整備	クライエントへの支援の計画とサービスの調整
	スーパービジョン	面接・グループ討議	社会福祉従事者・社会福祉訓練受講生	従事者支援・支援方法の検討と評価・業務遂行訓練	社会福祉従事者訓練と教育・専門性の維持と向上	教育的、管理的、指示的な機能による人材養成
	カウンセリング	面接・グループ面接・家族療法	個人・家族・小グループ	心理的・内面的・的問題の解決	対人援助と社会的適応	主には面接を通して行われ、クライエントが自らの感情や葛藤を表現する過程において、自己洞察や理解を自発的に深められるように支援し、認識や行動の変容、自己実現を目指す
	コンサルテーション	相談・協議	社会福祉従事者	隣接関連領域の専門家の助言と協議	学際的支援知識の活用と協働体制の構築	第三者や専門家による助言や評価

出所：太田義弘（2007）「社会福祉援助技術の体系」社会福祉援助技術論 I（第3版）中央法規出版、143頁および外崎絵馬（2016）「ソーシャルワークの種類」高井由起子編『私たちの暮らしとソーシャルワーク II』保育出版社、22頁をもとに筆者作成。

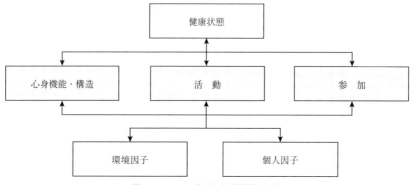

図2-2　ICF（国際生活機能分類）

出所：厚生労働省（2002）「『国際生活機能分類——国際障害分類改訂版』（日本語版）」。

を，医学モデルという。

　しかし，1960年代頃から生活モデルが提唱されるようになり，クライエント本人の問題となるべき点への視点から，人と環境との適合バランスが重視されるようになった。このモデルは，生態学やシステム論といった，その人の問題ではなく，人間を取り巻く環境や問題との関係性に着目し，たとえば，本人の心身機能の障害ではなく，それに伴う生活の困難さ，問題を作り出している社会構造や環境への働きかけが支援の基本的な視点となっている。

　2001年に WHO（世界保健機関）は，ICF（国際生活機能分類）を採択した（図2-2）。その考え方は，人は社会・環境との関わりをもちながら生活しており，その際に支障や制限・制約を感じる状態・状況が発生するが，その状態・状況を「機能障害」「活動制限」「参加制約」と定義し，障害はこの状況を指し，決して当事者そのものが障害（障害者）なのではないことを明確化している。したがって，当事者が日常生活や社会参加（環境へのアクセス）をしようとした時に生じる困難や活動制限，参加制約に陥った状況や状態が障害であると考え，社会生活上の困難や問題・制限・制約を感じた状況・状態・現象が支援において重視される。

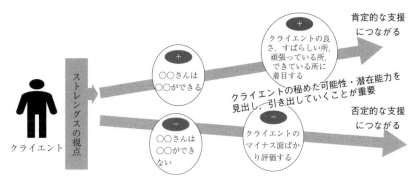

図2-3　ストレングスの視点

出所：津田耕一（2017）『福祉現場で必ず役立つ利用者支援の考え方』電気書院，60頁を一部改変。

（3）ウェルビーイングをめざした支援

　本章では，ソーシャルワークに関するいくつかの定義をみてきたが，そこには「ウェルビーイング」という言葉が示されていた。これまで，福祉においては「ウェルフェア」という保護的な視点のもと，クライエントを保護されるべき受動的な存在としてとらえていた。しかし，今日では「ウェルビーイング」という個の最善の利益を追求する理念のもと，クライエントを権利の主体者である能動的な存在としてとらえ，自己決定が保障され，自身の生活に向けて潜在的にもっている能力が発揮できるように引き出す支援，すなわちエンパワメントがめざされている。

　エンパワメントとは，「その人がもつ強さや力の可能性を最大限に引き出す」ことであり，クライエントのストレングス（長所・強さ）を見出すことが求められる（図2-3）。

　このように，ウェルビーイングを高める支援において，クライエントの主体的な問題解決を支えることはもちろん，家庭や地域，社会などの環境への働きかけが必要であり，ソーシャルワークの実践において，多様な課題やニーズに対して，さまざまな援助技術を統合させ，柔軟で多角的に支援が展開できるジェネラリスト・ソーシャルワークが求められている。

注

(1)　西尾祐吾・橘高通泰・熊谷忠和編著（2005）『ソーシャルワークの固有性を問う ──その日本的展開をめざして』晃洋書房，2頁。

(2)　空閑浩人編著（2009）『ソーシャルワーク入門──相談援助の基盤と専門職』ミネルヴァ書房，25頁。

(3)　社会福祉専門職団体協議会（社専協）国際委員会（2014）「『ソーシャルワークのグローバル定義』新しい定義案を考える10のポイント」スライド資料。

(4)　社会福祉専門職団体協議会（社専協）国際委員会（2016）「ソーシャルワーク専門職のグローバル定義と解説」スライド資料。

(5)　得津愼子（2017）『ソーシャルワーク──ジェネラリストソーシャルワークの相談援助』ふくろう出版，7頁。

(6)　日本ソーシャルワーカー連盟（JFSW）（2009）「ソーシャルワーカーデー宣言」（http://jfsw.org/what-we-do/diffusion-enlightenment/swd/declaration/　2020年8月21日閲覧）。

(7)　(5)と同じ。

(8)　太田義弘・中村佐織・石倉宏和編著（2005）『ソーシャルワークと生活支援方法のトレーニング──利用者参加へのコンピューター支援』中央法規出版。

(9)　Butrym, Z. (1976) *The Nature of Social Work,* Macmillan press.（＝1986，川田誉音訳『ソーシャルワークとは何か──その本質と機能』川島書店，1頁。）

(10)　窪田暁子（2013）『福祉援助の臨床──共感する他者として』誠信書房，1頁。

(11)　志濃原亜美編著（2020）『社会福祉』みらい，157頁。

学習課題

①　「業務独占資格」と「名称独占資格」の違いについて整理してみよう。

②　社会福祉士，精神保健福祉士，介護福祉士の他に福祉に関連する資格にはどのようなものがあるのかを調べてみよう。

③　あなたの考える「ソーシャルワーカーの働き」についてまとめてみよう。

コラム　当たり前のことを一生懸命する

　病院の回復期リハビリテーション病棟に勤務したのが「当たり前のことを一生懸命する」施設を作りたいと決意したきっかけです。いざ介護の現場に入ると"オムツ交換の時間""トイレ誘導の時間"など○○の時間というのが決まっていました。利用者が「トイレに行きたい」と訴えても「今の状態では無理です」，立ち上がろうとすると「どこへ行くの？」「勝手に動かないでください」というように自分たちなら我慢も辛抱もできないことを福祉や介護のフィルターを通すとあたかも正論のようになり利用者たちに我慢や辛抱を強いているのが日本の介護の現状だったのです。「介護の当たり前って何だろう？」そんな違和感をもちながら，本当の介護を見つけるために老人保健施設，デイサービスでも仕事をしてきました。

　その違和感が解決されることはなく5年が過ぎた頃，「自分のやりたい介護を形にしよう」と2010年9月に築100年の古民家を改装して，地域ではじめての古民家再生型小規模デイサービスを開所しました。住み慣れたであろう家，段差や敷居，縦に深い浴槽など利用者が馴染みやすい環境づくりを第一に考えました。「段差や敷居があっては車いすの人は無理ですね」「機械浴がないから麻痺の人は入浴ができないのでは？」と周りの人たちにはなかなか理解してもらえないこともありましたが，ただ，私が感じた違和感を払拭し介護人としてやりたいことを形にするため「自宅でできることはデイサービスでもできる」「デイサービスでできることは自宅でもできる」ということを大切に，生活面に即した「生活リハビリ」と本人の思いを理念につなげる「寄り添う介護」を変えることを諦めませんでした。

　私の事業所では，利用者が包丁を持ち野菜を切ります。斧を持って薪を割り釜戸でご飯も毎日炊きます。これは，当たり前に本人がしてきたこと，「昔取った杵柄」です。たとえ麻痺があっても認知症を有していても「できること」も「やりたいこと」もあるのです。それらを少しでも実現できるよう環境を整えることが私たちの仕事です。

　介護の基本は「自分がされて嫌なことは人にはしない」ということです。本人たちの思いに寄り添いその「思いも支えてこそ介護」，この言葉を

忘れないでください。誰もが歳をとります。そして，少々人の手を借りることも増えていきます。人の人生が「出逢った人で決まる」なら，私たちはその重みを感じ共に支え合いながら生きていく人間関係を続けていきたいと思います。

大西　真二（合同会社春岳総責任者）

第3章

ソーシャルワークの原則

　本章は，ソーシャルワーカーが必ず大事にする視点や姿勢を整理する。第1節では，自分の存在を出発点として，「人」の存在，「社会」の認識，「生活」について理解を深める。そのうえで，第2節では，ソーシャルワークの原則について明らかにし，ソーシャルワークの倫理綱領について概観する。第3節では，ソーシャルワーク支援に共通する「ライフ（生命，生活，生涯）」の時間軸を中心に考察を加える。

1　人の生活とサポート

（1）「私」の「生活」から考える，生活とサポート

　本章では，「ソーシャルワークの原則」について学ぶ。ソーシャルワークの原則，つまりソーシャルワークの基本となるきまり，法則について理解を深めていく。

　ソーシャルワークや社会福祉を学び，その実践について検討していく際にイメージするのは，クライエントの生活およびその課題についてであろう。クライエントの生活と課題とそのサポート（ソーシャルワークを含めた支援）を考えてみる前に，まず，あなた自身の「存在」と「生活」に眼差しを向けて，そのサポートについて考えてみてほしい。人，社会，生活に焦点を合わせて理解を深めてみよう。

（2）「人」という存在——人間の価値と尊厳

　「人」の存在について考えようとする時に，まず一番身近である「私（自分）」という「人」について考えてみよう。どのような事柄が思い起されるだろうか。今日どこにいるか，どこに行くか，何をするか。誰と過ごすか，誰と話すか。健康状態や，財布の中にあるお金。食事の内容，着る服。どこに暮らしているか。好きな場所や時間，趣味や特技，苦手な人やこと……。「私」に関わるさまざまな事柄を思い描くことができるはずである。

　「人」の存在を理解しようとする時，その見方は非常に多様で多面的である。ここでは便宜的に，身体的側面，精神的・心理的側面，社会関係的側面，経済的側面，生活文化的側面の5つに整理しておこう。1つ目の「身体的側面」は，身体的な成長・発達の段階，身体的運動機能や抱えている疾患などの状態としてとらえられる。性的な事柄も含まれる。2つ目の「精神的・心理的側面」は，生きていくのための知識や経験，それらに基づく希望や未来予測，行動様式・思考様式とこだわり，気持ちの状態などがある。3つ目の「社会関係的側面」は，家族を含む他者との関係のとり方，自分の役割の認識や行動のとり方，自分自身のアイデンティティなどの状態である。4つ目の「経済的側面」は，労働や年金・給付・補助などの収入と生活費等の支出のバランス，収支の見通しや計画，状況に応じた購買や借入などの経済行動の状態としてとらえられる。5つ目の「生活文化的側面」は，衣食住や衛生・清潔の確保と維持，家事能力等によって日常の暮らしをどのように維持・継続しているか，過去・現在・未来にわたる経験や希望，生活に活力を与える趣味や遊び，信じている教えなどを含め，総体としてとらえられる。

　「私」という存在の各側面について，「私」自身が大事にしていること・もの・人を，それぞれに思い浮かべることができるだろう。家族，恋人，親友，こだわりや思い入れのあるもの，忘れられない思い出，人生に影響を与えた教訓，将来の夢や希望，得意技，大好きな趣味などである。「人」はそれぞれ個別に「大事にしていること・もの・人」をもっている。このことが，人が「価値ある存在」であることを示すともいえる。そして，「私が私らしくあるために大事なこと・もの・人」が少なからずある。他人から侵されてはならないも

の，他人から奪われてはならないこと，これが，「個人の尊厳」としてとらえられるものである。

（3）「社会」で暮らすということ——人権，多様性，社会正義

　人は「社会」のなかで暮らしを営んでいる。特に現代社会においては，いわゆる無人島のような他者のいない場所で，自分一人で衣食住などを調達するような生活をしていること自体がまれである。「誰かの支え」なしで，自分自身の力や能力によってのみ生活が成り立っている人は，ほぼ存在していないともいえる。

　① 社会関係と社会的分業

　私たちは，周りに存在するいろいろな人，いろいろな社会関係に囲まれて暮らしている。自分を中心にして見渡してみれば，家族，学校の友人，会社の同僚，同じ地域に暮らす人，同じ国に暮らす人，同じ地球に暮らす人，と拡がりをもって想像できるであろう。自分が直接関係している家族や友人，同僚，知り合いである人だけでなく，直接認識していない人が多数存在している。社会には普段認識していない人の方が多い。例としてコンビニエンスストアで買い物をする際を考えてみる。おにぎりを1つ購入するとすると，そのおにぎりは，コンビニの店員，コンビニフランチャイズ会社の担当者，おにぎりや弁当を定期配送するドライバー，おにぎりを作る工場のスタッフ，さらに食材卸業者，米農家，海苔養殖業者，具材の総菜工場業者，海外から食材を輸入する業者，包装ラップの業者など，目に見えない多くの人の手が介在して，自分の手にわたってくる。社会は，分業によって相互に支え合っている。

　私たちはまた，台風や地震などの災害発生後や，感染症パンデミックによって，物流が止まって生活必需品・消耗品や食料等が偏在したり，経済活動の停滞による不景気で経済的困窮状態に陥る人も出てしまったりといったことも経験している。社会が間接的につながっているからである。

　② 人権，自由権，社会権

　「人権（人間の権利）」は，人が生まれながらにしてもっている当然の権利とされている。1948年の国際連合の世界人権宣言の第1条には「すべての人間は，

生れながらにして自由であり，かつ，尊厳と権利とについて平等である。人間は，理性と良心とを授けられており，互いに同胞の精神をもって行動しなければならない」と明記されている。

1947（昭和22）年の日本国憲法には，いわゆる平等権，自由権，社会権，参政権，請願権など，基本的人権が明文化されている。第13条には「すべて国民は，個人として尊重される。生命，自由及び幸福追求に対する国民の権利については，公共の福祉に反しない限り，立法その他の国政の上で，最大の尊重を必要とする」と明記されている。

人権のうち，「自由権」が最も重要である。個人の自由な意思決定や活動が保障される権利で，世界人権宣言の最初にも謳われている，ただし，社会においては，それぞれが自分の自由好き勝手に生活して他人の生活を侵害してはならない。そのために，他人の人権を侵害しないよう，また社会に暮らす人々のよりよい状態を犯さないよう，個別の法律が定められ，社会的なルールが存在している。こうしたことが第13条の「公共の福祉に反しない限り」という文言に集約されている。

「自由権」は，人が国（国家）に対して「放っておいてもらう（干渉されない）」権利である。その一方で，人が国に対して「関わってもらう（干渉してもらう）」権利が「社会権」である。人が，生存（命）や生活の維持・発展に必要な条件の確保を要求する権利である。日本国憲法では，第25条「生存権」，第26条「教育を受ける権利」，第27条第1項「勤労の権利」，第28条「労働基本権（団結権，団体交渉権，争議権）」が規定されている。

③　多様性の尊重，社会正義

十人十色，百人百様という言葉もあるように，一人として同じ人はいない。人種・階級・言語・宗教・ジェンダー・障害・文化・性的指向などが異なる。自分の周りを見渡しても，家族や友人，地域に暮らす人たちは，性別・年齢・歴史や経験・生活上の習慣や価値観・文化，そして「大事にしていること・もの・人」など多くのことが，自分と違っていることを理解できるだろう。一人ひとりの多様な要素や価値観，何より一人ひとり基本的人権が尊重されることが，社会にとって重要なことである。

　ソーシャルワーク実践においては「社会正義」という概念も忘れてはならない。辞書的には「人が社会生活を行う上で必要な，正しい道理」である。社会に暮らすすべての人が，同じ権利や平等な機会，義務，保護，社会的恩恵をもったり受けたりできる，道徳的に正しいとされる「理想の条件」が「社会正義」である。社会の仕組みとして社会資源（財や人，サービスなど）をどのように配分するかに関わってくるため，固定的な定義をしにくい概念でもある。

（4）「生活」の特性──さまざまな側面と全体

　生活は，日常的な用語である。私たちが社会において営む「生活」とはどのようなものだろうか。「生活とは何か」「生活に欠かせないものは何か」という問いに対しても，その答えは人それぞれだろう。「生命の活動」とか「日々の暮らし」と言い換えることもできるが，生活はもっと拡がりをもち，奥深いものである。

　生活の基本的な特性として，古川孝順は4つに整理している。第一に，生活はさまざまな条件に規定・影響されつつ，一方で自分の判断で決定したことへ方向づけられる（自存自律性と社会性）。第二に，生活は習慣や方法など一定期間営まれてきたものを，バランスが崩れた時も維持・復元させようとする（自己保存性と指向性）。第三に，生活は過去のものに条件づけられても対処や行為・行動は一回ずつまったく同じことは再現できない（履歴規定性と一回性）。第四に，生活は多くの側面や場面がある一方，全体的な1つのまとまりになっている（分節構造性と全体性）。

　自分の生活を思い返してもわかる通り，「生活」にはさまざまな側面・場面がある。衣食住など生活（様式）のさまざまな局面が，その人の生活の全体を構成している。時間的，空間的，経済的，身体的，文化的，さまざまな条件に規定されている。そのなかで，人（一人の生活者）が条件に適応したり，条件を変えたりすることが繰り返されている。今後の生活の発展（改善，回復）につながるように現在の生活の方法や考え方を修正したりすることもある。そのように人生の歴史が積み重ねられ，今の生活状況につながっていることも事実である。

　生活には，「日々の暮らし」の営みだけでなく，その瞬間瞬間の「生命（活動）」の営み，そして人生にわたる「生涯」としての意味合いも含まれることがある。「生活」も「生命活動」も「生涯」も，どれも英語では Life（ライフ）や Living（リビング）という言葉で表される。

　生活は，他者から客観的に見えること・ものだけで成り立っているわけではない。文化や習慣，信仰など人の内側にも拡がっている。自分の身体（脳や感覚器も含む）を通して外側のことを「意味づけ」して，自分の内側で解釈し，そして行動に移すことになる。この人の内側に拡がっている主観的な生活を「生活世界」という。人は，同じ環境にいたとしても，その生活の受け止め方・とらえ方とそれに対する考え方は，内側の「生活世界」において異なっている。たとえば，同じ学校の教室にいる，担任のA先生と，教育実習生のBさん，学級委員のCさん，今日から転校してきたDさん，その親のEさん，通りかかった校長F先生では，見えている環境や他者への印象，自分の気持ちや思考が異なっているということである。

2　ソーシャルワークの原則

（1）倫理と倫理綱領

　さまざまな「人」が，「社会」のなかで「生活」している。その「生活」に困難やつまずきが生じた場合に，社会福祉による支援が行われる。その際，クライエントに直接関わったり，クライエントを社会資源につなげたり，社会資源などに関わり社会変革を推進するのが，ソーシャルワークの機能であり，ソーシャルワーカーの役割である。

　ソーシャルワークの実践（仕事や活動）は，個人的な「趣味」のように行う活動ではなく，何らかの公的・社会的なミッション（使命）を伴うものである。ソーシャルワークの実践は，自分の「好き・嫌い」や「良い・悪い」などの価値観や基準に従って行ったり，社会福祉・ソーシャルワークの教科書に書いてあることをなぞって行ったりするものではない。ソーシャルワークに共通した専門職としての「倫理」に従って実践する。「倫理」とは，「善悪の基準。善悪

の基準として守らなければならないことがら⁽⁵⁾」である。この「倫理」を言語化
し，専門職として守るべき基準や価値，めざすべき専門職像を示したものを
「倫理綱領」という。

　多様な「人」がそれぞれ，より質の高い「生活」ができるように，より住み
やすい「社会」になるように，ソーシャルワーカーは実践する。逆説的にいえ
ばソーシャルワーカーは，「社会が混乱し，人々が争いごとのなかで不安を抱
えながら過ごす」ような方向で実践は行わない。社会が戦争状態であれば，自
由権や生存権が脅かされる。ソーシャルワーカーは，人々の社会での生活を維
持するために，平和の維持と実現を志向する。

（2）日本におけるソーシャルワーカーの倫理綱領

　日本においては，ソーシャルワーカー専門職団体4団体（公益社団法人日本社
会福祉士会，公益社団法人日本精神保健福祉士協会，公益社団法人日本医療社会福祉協
会，特定非営利活動法人日本ソーシャルワーカー協会）が「日本ソーシャルワー
カー連盟」に加入している。2020（令和2）年6月に，IFSW（国際ソーシャル
ワーカー連盟）の2014年の「ソーシャルワーク専門職のグローバル定義」に合
わせるために，「ソーシャルワーカーの倫理綱領」（以下「倫理綱領」）が改訂承
認された（全文は巻末資料を参照）。

　日本ソーシャルワーカー協会，日本医療社会福祉協会は，これをそのまま会
の倫理綱領として位置づけている。日本社会福祉士会は，「ソーシャルワー
カー」を「社会福祉士」に置き換えて「社会福祉士の倫理綱領」としている。
日本精神保健福祉士協会は，連盟の倫理綱領の上位に「精神保健福祉士の倫理
綱領」を位置づけている。日本医療社会福祉協会は倫理綱領のほか，「医療
ソーシャルワーカー業務指針」を定めている。

　ソーシャルワーカーは，この倫理綱領を遵守することを誓約し，実践を行う。
逆にいえば，連盟や各専門職団体では，この倫理綱領の遵守を誓約できない者
は，「ソーシャルワーカーとして認められない」ということである。

（3）倫理綱領「前文」

　倫理綱領の「前文」では，ソーシャルワーカーの「人」に向ける眼差しや姿勢，「社会」に対する認識を宣言している。前文の冒頭には，「われわれソーシャルワーカーは，すべての人が人間としての尊厳を有し，価値ある存在であり，平等であることを深く認識する」と明言している。そのうえで，実践の前提や方向性を，「われわれは平和を擁護し，社会正義，人権，集団的責任，多様性尊重および全人的存在の原理に則り，人々がつながりを実感できる社会への変革と社会的包摂の実現をめざす専門職であり，多様な人々や組織と協働する」こととして表明している。ソーシャルワーカーの最も基本的かつ重要な倫理である。

　ソーシャルワーク実践の拠りどころとして，2014年7月にIFSWとIASSW（国際ソーシャルワーク教育学校連盟）が採択した「ソーシャルワーク専門職のグローバル定義」を掲げている。最後に，ソーシャルワーカーは専門職として，知識・技術の専門性や倫理性の維持・向上が責務であると認識し，この倫理綱領を遵守することを誓約することを明記している。

（4）倫理綱領「原理」

　原理は，ソーシャルワーカーとして実践する「根本的なきまり」といえる6項目が掲げられている。ソーシャルワーカーは，前文での宣言を基盤として，原理の条文に規定されている項目を認識し，遵守して実践する。

　Ⅰ（人間の尊厳）　ソーシャルワーカーは，すべての人々を，出自，人種，民族，国籍，性別，性自認，性的指向，年齢，身体的精神的状況，宗教的文化的背景，社会的地位，経済状況等の違いにかかわらず，かけがえのない存在として尊重する。

　Ⅱ（人権）　ソーシャルワーカーは，すべての人々を生まれながらにして侵すことのできない権利を有する存在であることを認識し，いかなる理由によってもその権利の抑圧・侵害・略奪を容認しない。

　Ⅲ（社会正義）　ソーシャルワーカーは，差別，貧困，抑圧，排除，無関心，暴力，環境破壊などの無い，自由，平等，共生に基づく社会正義の実現をめざす。

　Ⅳ（集団的責任）　ソーシャルワーカーは，集団の有する力と責任を認識し，人と環

境の双方に働きかけて，互恵的な社会の実現に貢献する。

Ⅴ（多様性の尊重）　ソーシャルワーカーは，個人，家族，集団，地域社会に存在する多様性を認識し，それらを尊重する社会の実現をめざす。

Ⅵ（全人的存在）　ソーシャルワーカーは，すべての人々を生物的，心理的，社会的，文化的，スピリチュアルな側面からなる全人的な存在として認識する。

① 個人の尊厳と人権の尊重

まず，「人」についての認識である。一人ひとりの存在，個人の尊厳，人に与えられた人権について認識を確認する。2020（令和2）年改訂承認の倫理綱領より，「Ⅱ（人権）」の条文が加えられた。

② 社会正義

次に，理想とされる「社会」についての認識である。理想とされる社会における「社会正義」についての条文である。社会正義を実現するための条件として，「自由，平等，共生」が掲げられている。社会正義に向けて社会から減らしていくべき事象には，「差別，貧困，抑圧，排除，無関心，暴力，環境破壊など」が挙げられている。なお，2020（令和2）年から新たに「無関心」が付け加えられている。

③ 集団的責任と多様性尊重

2014年の「ソーシャルワーク専門職のグローバル定義」をうけて，2020（令和2）年から加えられた。「集団的責任」「多様性の尊重」「全人的存在」の3条文である。

「集団的責任」は，社会における「共生」と関わっている。人がそれぞれお互いに，そして環境に対しても責任をもち，共に世界／国／地域で暮らすことによってはじめて，一人ひとりの権利が日常レベルで維持されたり，実現されたりする。

「多様性の尊重」は，「人権」と社会における「共生」に関わっている。文化的に異なっている人たちが同じ地域で暮らす場合，時に一方の論理や都合を強調すること（押し付けること）によって，他方が「危害を及ぼされる」リスクがある。その場合，差別，抑圧，排除，暴力などが存在することになり，他方の

人権が脅かされている状況である。多様性の尊重には，寛容さを含んだ社会的包摂が求められる。

　「全人的存在」の認識は，人権や個人の尊厳を尊重することに関わっている。人を複数の側面をもつ多面的な存在として認識する。ソーシャルワーカーは，人を一側面だけを見て判断しない，ということでもある。なお，「スピリチュアル（spiritual）」な側面は，「精神的」側面も含められる一方で，語彙的に「霊的／霊魂の」側面というニュアンスも含まれている。後者（霊的な側面）は，わが国においては馴染みのある用法ではなく，定義等についての議論に留意しておきたい。

（5）倫理綱領「倫理基準」

　倫理綱領の宣言としての「前文」，基本的な遵守項目としての「原理」に続き，より具体的な実践の責任の基準として「倫理基準」が掲げられている。クライエント，社会，組織・職場，われわれソーシャルワーカー自身に対する，実践上の責任やルールである。ソーシャルワーカーの実践における「行動規範」としても位置づけられる。

　①　クライエントに対する倫理責任

　クライエントに対する倫理責任は12項目が掲げられている。2020（令和2）年から「参加の促進」と「デジタル技術の適切な使用」の条文が加えられた。項目を列記すると，クライエントとの関係（自己の利益のために利用しないこと），クライエントの利益の最優先，受容，説明責任，自己決定の尊重，参加の促進，意思決定能力への対応，プライバシーの尊重と秘密保持，記録の開示，差別や虐待の禁止，権利擁護，デジタル技術の適切な使用である。

　②　組織・職場に対する倫理責任

　組織・職場に対する倫理責任は6項目が掲げられている。2020（令和2）年から「組織内アドボカシーの促進」と「組織改革」の条文が加えられた。項目を列記すると，最良の実践を行う責務，他の専門職等への敬意，倫理綱領の理解の促進，倫理的実践の推進，組織内アドボカシーの促進，組織改革である。

③　社会に対する倫理責任

　社会に対する倫理責任は 3 項目が掲げられている。項目を列記すると，ソーシャル・インクルージョン（社会的包摂），社会への働きかけ，グローバル社会への働きかけである。

④　専門職としての倫理責任

　専門職としての倫理責任は，8 項目が掲げられている。2020（令和 2）年から，「自己管理」の条文が加えられた。項目を列記すると，専門性の向上，専門職の啓発，信用失墜行為の禁止，社会的信用の保持，専門職の擁護，教育・訓練・管理における責務，調査・研究，自己管理である。

3　ソーシャルワークに共通すること

（1）「時間軸」から考えるソーシャルワーク

　社会福祉の対象領域は，幅広い。わが国のこれまでの社会福祉制度の発展過程から，クライエント（サービス利用者）の属性別に領域が分けられている。たとえば，貧困や生活困窮に対する支援は主に生活保護法や生活困窮者自立支援法が，子どもの支援は主に児童福祉法が，障害者の支援は主に障害者総合支援法（以前は身体障害者福祉法，知的障害者福祉法，精神保健福祉法）が，要介護高齢者への支援は主に介護保険法や老人福祉法が，それぞれ対応している。地域福祉については主に社会福祉法にその規定がある。それぞれの法令に根拠をもつ施設や事業者，支援者が，枠組みに則るかたちで展開している。

　ソーシャルワークの理念は，支援（対応）する対象によって異なるものではない。支援の大きな方向性は共通している。「倫理」の項で確認したように，クライエント（利用者）の人権とその多様性の尊重，社会における社会正義と集団的責任に焦点を当てる。

　ただし，クライエント（利用者）の置かれている状況や個別性の違いによって，支援のアプローチや技術，注意すべき点は異なることがある。たとえば，95歳の高齢者，50歳の障害者，10歳の子どもでは，発達段階もその年齢で置かれている環境も異なっている。そのため，支援の焦点と時間軸について，重き

①生命，②生活，③人生，すべてライフ（Life）・リビング（Living）である。

図3-1　ソーシャルワークの焦点

出所：本多勇（2017）「ソーシャルワーカーの"向き・不向き"について考える」後藤広史・木村淳也・荒井浩道・長沼葉月・本多勇・木下大生『ソーシャルワーカーのソダチ──ソーシャルワーク教育・実践の未来のために』生活書院，159頁。

の置き場所が異なる。ここでは「生命」「生活」「人生」と3つの時間軸（時間の幅）に分けて整理してみよう（図3-1）。

（2）「生命」を尊重する支援

　クライエントの「生命」は最も尊重される。どのような状況にあっても「かけがえのない存在」としてクライエントをとらえ，その「生命（の質）」の維持・向上に第一義を置く（図3-1の【①生命】）。「一瞬一瞬の積み重ね」「今日一日」という比較的短い時間に焦点を当て，クライエント本人の身体的・心理的な安寧・安定，生きていることの意義・意味に重きを置く，という支援である。身体的および心理的な医療的ケアとの連携が必要になることも多い。

　たとえば，乳児院における乳児の支援，虐待事案などの非虐待者の危険な状況における緊急支援，病院や高齢者施設でのターミナルケアや看取り支援，大規模災害時等の緊急避難所での支援などで展開される。

（3）「生活」を積み重ね，よりよくするための支援

　クライエントの「生命（身体的，心理的状況）」は安定している場合は，クラ

イエントの営む「生活（暮らし）」を修正したり，維持・向上させるような介入や関わりを行う（図3-1の【②生活】）。社会福祉やソーシャルワークで最も中心的な支援の領域である。「今日から明日」「今週から来週」「今月」「今年」という中期的な時間（期間）を設定する。クライエントの身体的な発達・回復，生活遂行能力・技術の向上，モチベーションの維持・向上などに焦点を当てて，ソーシャルワークの支援や関わりが展開される。ソーシャルワーカーや支援チームの直接的な支援による「生活」の修正・回復よりも，クライエント本人の生活遂行能力の向上，ストレングスの拡大に負うところが多くなる。ソーシャルワーカーは側面的な支援が多くなる。介護や保育などの直接的ケア，リハビリテーションなどとのチームアプローチも重要である。

　要介護高齢者や障害者へは，日常的なリハビリテーション，家事支援，日中支援や介護によって，生活の維持が支援されている。障害者や生活困窮者，失業状態の人への就労支援では，本人に適する仕事を探し，その仕事に就くためのトレーニングを行う。そしてその仕事に就くことで，日常生活のサイクルが構築されたり，職場における役割が構築されていく。友人や教員との関係性などによって学校生活が行き詰まった際には，スクールソーシャルワーカーによる支援が行われる。日常生活で困った時に頼る先がないなど孤立するリスクがある子育て世帯や一人暮らしの高齢者などの地域での生活は，社会福祉協議会などのコミュニティソーシャルワーカーによる支援が行われている。

（4）「人生」を構築するための支援

　「生命」や「生活」が安定しているクライエントには，「人生」を構築したり維持するための支援が行われる（図3-1の【③人生】）。「ここ3年」「向こう5年」「10年・20年後」「生涯にわたって」など長期的な時間経過を視野に入れて支援が行われる。ソーシャルワーカーなどの支援者は，「伴走者」である。クライエントと共に，人生のステップを歩むこと，生活を共にすることで，クライエント本人の「人生」を切り開く力や，社会の中で生活を切り盛りしていく力が備わってくることに焦点が当てられ，また期待される。

　社会的養護の児童養護施設や里親養育による（生活の）支援，児童自立支援

施設における生活の立て直しの支援は，子どもの発達の時期の「人生」構築の
ための重要な意味をもっている。薬物などの依存症者への支援は，依存症当事
者による共同生活のなかで生き方や社会関係の再構築が行われている。生活保
護や生活困窮者支援，障害者支援にも長期的・継続的な支援が行われている。

　長期的に関わる支援もある一方，ある一時の支援が，クライエントの「人
生」に大きな意味をもつこともある。ある一時・一瞬の関わりのなかで，クラ
イエントの「人生」に対する姿勢や意味づけが変化する場合などである。「社
会的養護での生活のなかで，子どもにかけた言葉が，その後の人生に大きな影
響を及ぼした」「緩和ケア病棟での患者と，看護者やソーシャルワーカーなど
のスタッフのある関わりや言葉かけが，患者のターミナル期の療養生活の安定
に影響を及ぼした」などの事例である。

注
⑴　「自由権」とは，個人の領域に，国家権力が介入・干渉することを排除して個人
　　の自由な意思決定と活動を保障する人権である。芦田一志（2013）「自由権」山縣
　　文治・柏女霊峰編『社会福祉用語辞典（第9版）』ミネルヴァ書房，178頁。
⑵　「社会権」とは，国民が国家に対して生存，生活の維持・発展に必要な諸条件の
　　確保を要求する権利である。芦田一志（2013）「社会権」山縣文治・柏女霊峰編
　　『社会福祉用語辞典（第9版）』ミネルヴァ書房，152頁。
⑶　金田一京助ほか編（1982）『三省堂国語辞典（第3版）』三省堂，465頁。
⑷　古川孝順（1999）「社会福祉基礎構造改革と援助パラダイム」古川孝順編『社会
　　福祉　21世紀のパラダイム2　方法と技術』誠信書房，23〜26頁。
⑸　⑶と同じ，1217頁。

参考文献
ヨシタケシンスケ（2014）『ぼくのニセモノをつくるには』ブロンズ新社。
石川晃司（2017）「人権の根拠をどのように考えるか」日本大学文理学部人文科学研
　　究所『研究紀要』94，63〜82頁。
田川佳代子（2015）「社会正義とソーシャルワーク倫理に関する一考察」『社会福祉
　　学』56（2），1〜12頁。
後藤広史・木村淳也・荒井浩道・長沼葉月・本多勇・木下大生（2017）『ソーシャル
　　ワーカーのソダチ──ソーシャルワーク教育・実践の未来のために』生活書院。

学習課題

① 自分自身が大切にしているもの・それが欠けたら自分ではなくなるものを挙げてみよう。クラスのメンバーと比較してみよう。

② 自分の「生活」になくてはならないもの・欠かせないものを挙げてみよう。クラスのメンバーと比較してみよう。

③ 「ソーシャルワーカーの倫理綱領」本文（本書巻末に掲載）を読んでみよう。クラスのメンバーと各条文にあるキーワードの意味と実際について話し合ってみよう。

コラム　"見た目の年齢"と"内側の年齢"は同じ？

　人には生年月日があります。ほとんどの場合その生年月日はいつだかわかっています。誕生日になると満年齢が上がります（詳しくいうと，年齢が上がるのは，誕生日になったあとではなくて，前日の最後の瞬間なのです。法律で決まっています）。

　私が高齢者施設で施設ソーシャルワーカーをしていた時に，入所者の高齢者のみなさんに，"内側の年齢"を訊きまわっていたことがありました。100歳に近い年齢の方は，どのように世界が見えているのか関心があったからです。「98歳ってどんな感じですか，どんな風に暮らしているのですか？」。ある100歳近い女性入所者は「鏡に映っている，しわくちゃのおばあさんの顔が自分じゃないみたいで悲しい。もうやり残したことはないから早くお迎えが来てほしい」と。またある100歳近い男性入所者は「自分は，若い介護スタッフ（20代とか30代とか）と同じ話題で話せるから十分若い」と。

　お二人とも生年月日から，年齢は98歳前後でしたが，どうも内側で認識している自分の年齢（自己イメージとも言い換えられるかもしれません）は必ずしも「98歳」ではなかったようです。重ねて訊きました。「内側はいつから変わっていないのですか？」。すると，女性入所者は70代から変わっていない，男性入所者は50代から変わっていない，というように教えてくださいました。私たちソーシャルワーカー含め支援者は，たとえば「98歳・要介護3の認知症のある女性高齢者」とか「98歳・要介護4のがんのある男性高齢者」とか，客観的な情報ばかりで，相手（クライエント）のことを理解しようとする傾向があります。認知症の高齢者が「私はまだ30歳なので結婚したい」「私はまだ子育て中だから赤ちゃんの世話をしに帰らなくっちゃ」というように現実と違うことをおっしゃることがあります。客観的な現実とは違っていても，本人の"内側の世界"は「そういうこと」なのです。客観的事実はそうではない，ということを本人に伝えても，うまくいかないこともあります。ソーシャルワーク実践の関わりのなかでは，相手の内側の認識にも注目する必要があります。

　内側で認識している自分の認識している世界を，「生活世界」といいます。社会学や社会福祉学の「社会構成主義」という考え方です。「外側」と「内側」は必ずしも一致していない，ということを知っておくだけで，関わりがうまく進むことがあります。

本多　勇

第 4 章

ソーシャルワークの歴史

　ソーシャルワークは突然に出現したものではなく，そのはじまりには，キリスト教や領主と農民の支配関係に基づく社会という背景がある。民間の慈善活動の活発化から，取りまとめる組織が必要とされるようになり，イギリスの慈善組織協会の設立につながった。そして，ここからケースワークが生み出されたのである。その後，慈善組織協会はアメリカにも設立され，ソーシャルワークの流れはアメリカに移る。本章では，ソーシャルワークがイギリスからアメリカへと広がる流れを概観し，その後，アメリカを中心に展開されていく歴史的流れをみていく。

1　萌芽期──ソーシャルワークの源泉

（1）中世初期から後期

　ケースワークの母であり，ソーシャルワークの基盤を築いたメアリー・リッチモンド（M. E. Richmond）が著作『ソーシャルワークとは何か』を出版したのは1922年であるが，それ以前にソーシャルワークにつながるものが全く存在しなかったわけではない。ソーシャルワークのはじまりとなる活動が特にイギリスにおいて行われていた。

　中世のイギリスでは，農奴や職人が領主の支配のもとに存在するという階級社会が成立していた。その社会では，領主が所有する土地において農業に従事する農奴は，領主にとって生産手段であり，自身が生活するうえで必要な存在であった。農奴を酷使し，逃げられたり亡くなられてしまうと農業が円滑に行

われず，生産高も減り，領主の財産の損失につながることになる。それを防ぐため，時に領主は農奴に対して保護的な施策を行い，自身の土地を維持するように努めた。また，農奴たちも一人では対応しきれないさまざまな困難に対応するため，地縁や血縁をもとに相互扶助としての共同体を築き，互いに補い合って生活を送っていた。このような共同体では，病気や事故などにより働けなくなった者や，寡婦（夫と死別や離別した女性），扶養者が亡くなってしまった子どもたちは，相互扶助のなかで最低限の支援を受けることができた。

　これらの社会では，中世後期になると，キリスト教の教えをもとに教会や修道院による貧困者の救済も行われるようになった。キリスト教の非常に重要な教えの1つに隣人愛があり，「敵を愛し，自分を迫害する者のために祈りなさい」（マタイによる福音書，第5章第44節）として，隣人を愛する行為，すなわち他者を助ける行為が美徳とされた。時のローマ法王は，教区の司祭に貧困者の救済を義務として説き，修道院を中心として，障害や高齢，親や夫との死別による貧困者などに対する施しが活発に行われるようになったのである。

（2）救貧法と貧困

　中世後期には，ヨーロッパの人口の3分の1以上が死亡したとされるペストが流行したり，飢饉，戦争などといった困難が襲い，今までの共同体としての相互扶助は維持が難しくなりはじめた。農奴のなかには都市のギルド（産業集団）と作物の売買を行い，都市へと流入していく者も現れるようになり，都市では地方から出てきた農奴たちがあふれる事態にもなった。あまりにも多すぎる農奴たちが就けるほどの職は都市部にはなく，生活ができない農奴とその家族が増え，都市では住むところも見つけられない浮浪者となる農奴たちが増加した。

　このような社会変化のなかでは，以前のような土地を介した領主と農奴の支配関係や階級社会の維持が困難になり，都市には，相互扶助や施しがなされていた社会から切り離された浮浪者があふれた。浮浪者の増加は治安の悪化だけでなく，社会崩壊へと向かわせることにもなり，イギリスでは危機感を抱いたヘンリー8世が，浮浪者となった農奴たちを出身地へ強制的に送り返す救貧法

を1531年に制定した。救貧法では，浮浪を禁止するとともに，浮浪者を労働不能者と労働可能者に分け，労働不能者には許可証を与え，労働可能者は出身地へ強制的に送り返すことが規定されていた。その後，救貧法は何度も改正されたり，新しく追加されたりしながら，徐々に内容が整理されていき，1601年には，近代の社会福祉制度へとつながるエリザベス救貧法が制定された。

　エリザベス救貧法は，今までの貧困者や浮浪者対策の集大成であり，教区ごとに貧民監督官の配置，中産階級に対する課税，労働不能者救済，労働可能者には就業支援，全国統一の実施などを行い，中央集権化を進めた。1630年には，救貧法を厳格に実施するために救貧法委員会も作られた。しかし，その後，市民革命により王政（王による政治）が崩壊し，王政による救貧行政は終わりを告げた。王制から議会制（議会による政治）に移り，救貧行政も議会に委ねられたが，革命後の慌ただしいなかでは救貧行政にまで関わる余裕はなく，議会から教区へと移譲された。その後，教区はさまざまなかたちで浮浪者や貧困者を救済しようとするものの効果的な方法はなく，18世紀後半から19世紀前半の産業革命により経済が繁栄する一方で，機械化によって失業者が増え，都市の貧困は深刻化していったのである。

（3）慈善組織協会

　貧困者が増えることで富裕層による慈善活動も活発に行われるようになったが，各自が個別に活動することで慈善の重複受給や反対に必要な慈善が届かない状況が起こり，適切な配分が行われていなかった。それを改善し，統一的な救済事業を実施するために，慈善活動を組織的に行う慈善組織協会が1869年にロンドンにおいて設立された。慈善組織協会の特徴は，貧困問題を個人の問題としてとらえ，貧困は怠惰や浪費，賭博などが原因であるとして，「価値ある貧民」と「価値なき貧民」に分けたことにある。自助努力を行っていると協会が認め，慈善活動を通して，人格を矯正できると考えられる者だけを価値ある貧民として支援の対象者とした。価値なき貧民は，対象外であるとして，公的な救貧法に委ねられた。

　慈善組織協会の主な活動は，貧困者の個別調査を通して行われた。ロンドン

市内をいくつかの地域に分けて，担当となる調査員を配置し，調査員は地域内の貧困者宅を個別訪問して，調査結果を協会がまとめた。それにより，協会が総合的に貧困者の状況を把握することで，救済の重複や漏れを防いだ。

　慈善組織協会の調査員による個別訪問は，「施しではなく，友人を」を掲げており，これは友愛訪問と呼ばれ，調査員は友愛訪問員といわれるようになった。調査で価値ある貧民とされた世帯を，定期的に友愛訪問員が訪問し，関わりながら指導を行い，関わりのなかで人格的変化を促そうとした。貧困者の家計や育児についてなどさまざまな相談を聞いて助言したり，一緒にレクリエーション活動などをすることで，貧困者の人格変化と自立を促し，貧困からの脱却を図った。これらの一連の活動が，後にケースワークへと発展した。

　このようなロンドンではじまった慈善組織協会の活動は，アメリカにおいても展開されるようになり，1877年にアメリカのニューヨーク州バッファローで支部が設立された。支部でもロンドンと同様に，貧困者の調査，調査結果の登録を通して救済の重複を防止することや，友愛訪問活動などが行われた。支部活動はやがて全米に広がり，そのなかの 1 つに，ボルチモア慈善組織協会があった。ボルチモア慈善組織協会には，1889年に，後にケースワークの母といわれるリッチモンドがメンバーに加わっている。リッチモンドは，それまで慈善組織協会のことは全く知らず，会計補佐の求人に応募し職を得ただけであったが，採用後は慈善組織活動について積極的に学び，友愛訪問なども行うようになった。リッチモンドは，慈善組織協会の職務に情熱をもって取り組み，徐々に中心的な存在へと成長していったのである。

（4）貧困調査とセツルメント運動

　チャールズ・ブース（C. Booth）は，増える貧困者の調査を1886年にロンドンで開始し，1892年には『ロンドンにおける民衆の生活と労働』を出版した。それにより，ロンドン市民の約 3 割が貧困状態であり，その原因は飲酒や浪費のような怠惰ではなく，不安定就労や低賃金，病気や多子などの環境・経済的原因によることが示された。また，シーボーム・ラウントリー（B. S. Rowntree）は，ヨーク市で調査を行い，ブースと同様に約 3 割の市民が貧困状態であるこ

とを明らかにした。これらの調査により，今までの貧困は個人の責任である，怠惰な性格のせいであるといった考えが誤っていることを示し，貧困者救済における考えを根本から見直させた。当時は，先の慈善組織協会でも，貧困は個人の怠惰な人格などが主な原因であると考えて，貧困者を「価値ある貧民」と「価値なき貧民」に分けており，貧困は個人の責任であると広く考えられていた。それゆえ，ブースやラウントリーが示した結果は驚きをもって迎えられるとともに，慈善活動における支援の考え方に影響を与えた。

　同時期に貧困者に関わった人物として，セツルメントの父といわれるアーノルド・トインビー（A. Toynbee）がいる。セツルメントとは，知識人（大学の学生，教授など）がスラムに居住し，共に生活を送ることで，スラムの住人の生活向上と人格の変容をめざした活動を指し，トインビーは，このセツルメントの基礎となる思想を説いた。トインビーは大学で講師として働きながら，ロンドンの貧困地区を訪れて，研究やさまざまな慈善活動を行った。また，救貧法管理委員や慈善組織協会のボランティアとして活動し，多くの貧困家庭を訪れた。これらの経験を通して，貧困と経済の関係性について疑問を抱くようになり，30歳で早世するまで，研究と貧困者に対する支援活動に没頭した。

　トインビーと共に活動した人物として，バーネット夫妻がいる。夫のサミュエル（S. Barnett）はイギリス国教会の牧師であり，ロンドンのスラム街を担当することで，貧困者に対する周囲の無理解や誤解，またそこから生じるさまざまな課題を知り，社会改良に対して関心を強めた。同時に，妻のヘンリエッタ（H. Barnett）も社会改良に関心を深め，バーネット夫妻は共に貧困地区において貧困者の支援を行った。サミュエルは慈善組織協会の創立メンバーの一人であったが，協会の貧困者に対する考え方や活動に限界を感じ，トインビーの早世後には，世界ではじめてのセツルメント施設として1884年にロンドンにおいて「トインビー・ホール」を設立した。施設名は，活動と志を共にしたトインビーから名づけられた。サミュエルは初代トインビー・ホールの館長を22年間務め，ヘンリエッタと共に生涯を通してセツルメント活動に従事した。

2　発展期——ソーシャルワークの専門職化

（1）ケースワークの確立

　ボルチモア慈善組織協会に入ってからのリッチモンドの活躍は目覚ましく，協会の財政は再建され，1891年には総主事に抜擢された。そして，リッチモンドは自身の友愛訪問や組織を束ねる立場での経験などを通して，強く慈善事業における教育の必要性を感じるようになった。たとえば，当時，友愛訪問員には簡単な研修制度はあったが，そこには支援の根拠も基盤となる知識もなかった。それゆえ，友愛訪問員によって支援は異なり，効果的な方法もわからなかった。リッチモンドはそのような状態を改善すべく1897年の全国慈善矯正会議において，実践的な知識と技術を学ぶ訓練学校の必要性を主張し，これがニューヨーク慈善組織協会による「応用博愛夏季学校」の開設へとつながった。

　ボルチモアでの成功はリッチモンドの評判を高め，1900年にはフィラデルフィア慈善組織協会の総主事に抜擢された。当時，フィラデルフィア慈善組織協会はうまく機能しておらず解散案も浮上するほどであった。リッチモンドには，そのフィラデルフィアを再起させる役割が期待された。リッチモンドは，徹底した組織改革を行い，ワーカーの訓練として，毎週，ワーカー教育のクラスを開講した。また，リッチモンドの精力的な活動はワーカー教育にとどまらず，フィラデルフィアという地域の社会改良にまで及んだ。リッチモンドは，社会改良には個人のケースに焦点を当てた支援が有効だと考えており，個別的な支援の先に社会改良があるととらえていた。それゆえ，当時，軽視されがちであった個別的ケースの重要性を主張し，それとともに社会改良として児童労働問題に取り組むため委員会の結成や立法化への運動を行った。

　リッチモンドは，フィラデルフィアでは個別的なケースだけでなく，地域の社会改良に取り組み，そこでも大きな成功を収めた。そして，次は1909年にニューヨークにあるラッセル・セージ財団の慈善組織部の部長として迎えられた。リッチモンドは，慈善組織部では教育や訓練，出版など，多岐にわたる業務を行った。慈善組織部の企画である「慈善組織講習会」を毎年実施し，ケー

スワーカーの教育を行うだけでなく，「指導者会議」として，ベテランのケースワーカーに対する訓練も行った。また，リッチモンドは慈善組織部出版の「慈善組織会報」に寄稿し，ケースワークの研究に寄与した。

　慈善組織部では，総主事時代の倒れるほどの忙しさから離れ，以前より余裕をもって指導・研究・出版に取り組むことができた。そのなかで，執筆し，慈善組織部から1917年に出版した書籍が，現在でも重要な古典の1つに数えられる『社会診断』である。執筆当初は，多くのケース事例を収め，ワーカーに利用しやすい事例集にする予定であったが，執筆が進むなかで考えを変更し，社会診断の根拠にさまざまな学問の視点を取り入れた研究書を完成させることができた。出版後には瞬く間に増刷され，慈善活動家以外にも広く読まれる書籍として，高い評価を受けた。リッチモンドは，社会診断において，ケースワーカーに必要となる共通の知識と技術について根拠をもって記述し，ケースワークの基礎を確立させた。後に，リッチモンドは社会診断などの業績により，スミス大学からマスター・オブ・アーツの学位を授与されており，学問的にも高い評価を受けたことがわかる。

（2）ケースワークと専門性

　リッチモンドが先の社会診断を出版する前の1915年に，ボルチモアで開催された全国慈善矯正会議において，評論家・教育家であるフレックスナー（A. Flexner）による講演「ソーシャルワークは専門職か？」が行われた。ここでは，フレックスナーによって専門職に必要な6つの要素として，①基礎となる科学的研究があること，②知は体系的で学習できるものであること，③実用的であること，④教育的手段を講じることにより伝達可能な技術であること，⑤専門職団体・組織を作ること，⑥利他主義であることが挙げられた。フレックスナーは，ソーシャルワークは，現段階ではこの6つの要素を満たしていないため，専門職ではないと断じ，集まっていた聴衆に大きな衝撃を与えた。当時，すでにいくつかの学校ではソーシャルワークが学べるようになっており，1904年には1年制のニューヨーク博愛事業学校が創設され，1912年には2年制も追加されるなど，徐々にソーシャルワークの教育体制が築かれはじめていた。学

校では専門職教育が行われ，ソーシャルワーカーは専門職であるという認識が広まりつつあり，ソーシャルワーカーのさまざまな組織も作られはじめていた。それだけに，フレックスナーの言う内容は，ソーシャルワークの関係者には衝撃であった。

　しかしながら，フレックスナーの講演以後，ソーシャルワークをより専門職として確立させようとする動きは高まり，その潮流のなかでリッチモンドの『社会診断』は出版された。また，リッチモンドは，1922年に『ソーシャル・ケース・ワークとは何か』を出版し，一般に対しても，ケースワークとはどのような支援方法で，なぜ必要なのかについて示そうとした。リッチモンドは，ソーシャル・ケース・ワークとは，個別的に人間とその社会環境との間を意識的に調整することを通して，パーソナリティを発達させる過程から成り立っているとした。彼女は，パーソナリティは成長するものであり，それを社会関係との関わりからとらえていくことが重要だと考えていた。この社会関係との関わりから考える視点は，現在のソーシャルワークにもつながるものであり，リッチモンドはソーシャルワークの重要な基礎を築いたといえる。また，当時はソーシャルワークはケースワークを指すことが多く，用語の定義も確立していなかった。ケースワーク自体についても，リッチモンドにおいても，まだケースとワークは言葉を分けて使用しており，その後，ソーシャルワークが発展していくなかで，ケースワークはソーシャルワークにおける個別的な援助技術の１つであるとして，ケースワークと称されるようになっていくのである。

（3）ケースワークの分化

　ケースワークの専門性を高めようとする動きとともに，さまざまな組織や専門職団体も設立されるようになった。1916年には病院ソーシャルワーカー協会，1917年には全米慈善矯正会議（NCCC）がソーシャルワーク全国会議（NCSW）へと発展し，1919年に全国学校ソーシャルワーカー協会，1921年に全米ソーシャルワーカー協会，1926年に全米精神医学ソーシャルワーカー協会が作られた。それぞれの団体が，それぞれの専門分野におけるケースワークを主張し，専門職による分化がみられるようになった。

　このようななか，1914年に第一次世界大戦が始まり，ケースワークもその影響を受けることになった。アメリカは1917年に参戦し，多くの兵士やその家族のなかに社会的・経済的・心理的な支援が必要な者が現れるようになった。リッチモンドは，今までケースワークで培ってきた技術を兵士や家族の支援のために最大限に活用すべきだとして，家庭奉仕事業を通じて支援した。彼女は，家庭奉仕事業の従事者のための業務パンフレットにケースワークの考えを盛り込み，実践につなげた。それにより，ケースワークは今まで貧困者に対する支援方法として発展してきたが，貧困者以外も支援の対象者となりうることがわかった。また，ケースワークにおけるパーソナリティの発達と社会関係の重要性についても理解を深めた。特に，リッチモンドは自身が唱える「小集団心理学」から対象者をとらえていくことの必要性を訴え，ケースワーカーが精神医学へ親和的になることに理解を示した。

　第一次世界大戦の経験を通して，ケースワークの関心は，今までのセツルメントや貧困者の支援よりも，軍人やその家族に対する心理的支援に傾くようになり，1920年代にはスミス大学に精神医学ソーシャルワークを学ぶ大学院が設置されるまでになった。ケースワークに，フロイト（S. Freud）の精神分析学を取り入れる流れが主流になり，個人の心理的側面とパーソナリティの発達を重視する診断主義が中心となっていった。

　また，この時期，毎年ペンシルバニア州ミルフォードにおいてさまざまな関連団体が集まり，ケースワークについて会議を行っていた（1923年から1929年）。通称，ミルフォード会議と呼ばれており，1929年にミルフォード会議報告書が出された。報告書では，領域ごとにケースワークは分化しても，基本となる考えや知識・技術は共通しているとして，ジェネリック・ソーシャル・ケースワークの重要性が確認された。また，専門分野によって異なる知識や技術を用いたケースワークとして，スペシフィック・ソーシャル・ケースワークについても確認された。

（4）グループワークとコミュニティ・オーガニゼーションの導入

　ケースワークが確立していくなかで，それに遅れるかたちでソーシャルワー

クに導入されたものが，集団を対象としたグループワークである。セツルメントや YMCA（キリスト教青年会）などの活動を通して，徐々にグループワークの基礎が形作られていった。グループワークの母といわれるコイル（G. Coyle）は，1923年からオハイオ州のウエスタン・リザーブ大学社会事業学校においてグループワークの講義を行ってきたが，彼女はそれを最初からソーシャルワークの専門技術として教えていたのではなかった。あくまで，活動の1つとしてとらえていた。1935年に全米社会事業会議にグループワーク部門が作られ，ニューステッター（W. Newstetter）によって，グループワークの定義が提唱された。そして，これ以降，グループワークについて研究されるようになった。1936年にはグループワーク研究協会が設立され，グループワーク研究の推進が図られたが，依然としてソーシャルワークの技術としてはとらえられてはいなかった。1946年にニューヨークで行われた全米社会事業会議の会合において，コイルが「専門職になること」と題して講演を行い，グループワークはソーシャルワークの1つであるとした。それにより，グループワークは援助技術の1つとして考えられるようになり，1955年には全米社会事業協会にグループワーカー協会が所属した。このような経過を通して，グループワークはソーシャルワークの1つとして認知されるようになったのである。

　一方，地域を対象としたコミュニティ・オーガニゼーションも，慈善組織化運動やセツルメントの活動を通して，徐々に形作られていった。ロンドンで設立された慈善組織協会の影響を受けて，1877年にアメリカのバッファローでも慈善組織協会が誕生したのは前述した通りだが，それ以後，地域の社会改良運動が進み，1887年にはニューヨーク州にネイバーフッド・ギルド，1889年には世界最大のセツルメントであるハル・ハウスがシカゴに設立された。ハル・ハウスは宿泊施設や公衆浴場など13もの施設とさまざまな部門を併設しており，コンサートやレクリエーション，貧困者に対する慈善活動の提供などが行われた。地域における慈善活動が活発に行われるようになり，1909年にはミルウォーキーとピッツバーグに最初の社会福祉協議会である「社会事業施設協議会」が結成され，全米に広がっていった。民間の慈善活動や協議会による活動が展開されることで，地域でどのように活動するのかといった方法論やさまざ

まな団体の連絡調整機能などが研究されるようになった。そのようななか，1939年の全米社会事業会議において，レイン（R. Lane）を委員長としたレイン委員会報告が行われた。報告のなかでは，コミュニティ・オーガニゼーションの定義が提唱され，ソーシャルワークにおける援助技術の1つとして考えられるようになったのである。

3　展開期──分化したソーシャルワークから統合へ

（1）ソーシャルワークにおける対立

　1950年代に入ると，ケースワーク，グループワーク，コミュニティ・オーガニゼーションが方法論として発達することで，それぞれの領域における専門性がより高められたが，それと同時に，それぞれが分離しはじめるようになった。三者ともソーシャルワークの援助技術の1つであるが，各分野のワーカーは，自身が学び実践する領域のスペシフィックな側面を強調し，他の援助技術よりも自身の領域のソーシャルワークを重視するようになっていた。同じソーシャルワークの援助技術であるはずが，互いに対立するようになっていたのである。そして，ワーカーはスペシフィックな側面を重視するあまり，クライエントから支援を求められた際に，自身の分野のソーシャルワークに相応しいかどうか，クライエントに支援を受けるだけの価値があるかどうかなどを判断するようになり，ソーシャルワーカーによるクライエントの選別が行われた。

　また，リッチモンド以降，ケースワークにおける心理的課題への偏重も進み，診断派と機能派による激しい論争も繰り広げられた。診断派の集大成としてはホリス（F. Hollis）の『ケースワーク──心理社会療法』（1964）が挙げられる。ここではソーシャルワーカーは療法者であり，意識だけでなく無意識も取り入れた自我心理学に依拠しながら，クライエントの心的問題を治療していくことに焦点が当てられた。ホリスは，ソーシャルワーカーは，クライエントとの対話や振り返りを通して，対人関係の変容を図る治療を行うものであるとした。一方，機能派の集大成としては，スモーリー（R. Smalley）の『機能的ソーシャルワーク』（1967）が挙げられる。スモーリーは，ランク（O. Rank）の「精神

分析療法」(1936) を取り入れた，ロビンソン（V. Robinson）とタフト（J. Taft）の機能的ケースワークを発展させ，まとめ上げた。スモーリークは，機能派は診断派とは心理的基礎が異なり，診断派は病気の心理を基礎とするのに対し，機能派は成長の心理や潜在能力を基礎とすると述べた。また，中心にはワーカーを位置づける診断派と異なり，機能派はクライエントを位置づけるものとした。

　ケースワークにおいて，診断派と機能派が対立しながら心理的側面を重視する傾向が続くなか，1960年代に入ると，アメリカには貧困だけでなく，公民権を求めるアフリカ系アメリカ人の運動や女性解放運動などが起こり，大きな社会変化を迎えた。個人の心理的側面の課題解決に傾倒していたソーシャルワーカーは，クライエントの抱える社会問題に応えることができず，パールマン（H. Perlman）は，「ケースワークは死んだ」(1967) という論文を発表し，ソーシャルワーカーの現状を厳しく批判した。

（2）対立から統合，新たなソーシャルワークへ

　ケースワーカー，グループワーカー，コミュニティ・オーガナイザーの専門職団体が設立され，それぞれのスペシフィックな側面が強調されることで分離が進むなか，その状況に警笛を鳴らした者が，バートレット（H. M. Bartlett）である。バートレットは，『ソーシャルワーク・プラクティスの共通基盤』(1970) において，専門職化が進むことで，共通する必須の要素が何か不明確になっていることを主張した。そして，共通の要素とは，価値・知識・人と環境と相互作用への介入であるとした。特に，価値と知識によって，アセスメントや介入の方法が変わってくるとして，共通基盤における価値と知識の重要性を指摘した。彼女は，さまざまな分野のソーシャルワーカーの専門職化が進んだとしても，価値・知識において共通のものを基盤とする限り，異なる分野の実践者であろうとも，それはソーシャルワーカーであるとした。

　バートレットの主張を通して，分離していた，ケースワーク，グループワーク，コミュニティ・オーガニゼーションは共通基盤をもつソーシャルワークであると認識されるようになり，1973年には全米ソーシャルワーク協会によって，ソーシャルワークは，個人・グループ・コミュニティが，社会的機能を強化し，

回復するように，これらの目標に対し，適切な状態を作るよう支援する専門職の活動であるとされた。

また，この時期，行き過ぎた精神分析への偏りや，クライエントの個人的側面にばかり注目していたソーシャルワークへの見直しも起こり，新たにシステム理論や生態学理論の視点を取り入れたソーシャルワークが開発された。一般システム理論は生物学や工学など，幅広い分野に影響を与えた理論であり，個々の要素が影響し合って全体を作るシステムからなる。人間でいうならば，脳や心臓などの臓器は個々に働いているが，さまざまな臓器などが集まり相互に影響し合うことで，個々の臓器だけではもち得ない機能をもった人間という生命体が維持されていることになる。また，生態学理論では，生物は外部環境と相互に影響し合うと考えられており，これらのシステム理論と生態学の視座をソーシャルワークでは，主にクライエントをアセスメントする際に取り入れた。それまでは，クライエントは精神疾患があるから，病気だから，怠惰な性格だからといった個人的側面に原因を見出し，改善しようと取り組んでいたが，システム理論や生態学理論の視座を取り入れることで，クライエントの周囲の環境にも目を向けて，クライエントを取り巻く要素や，要素とクライエントとの相互関係もアセスメントするように変化していったのである。

そのような生態学の視座を取り入れたソーシャルワークを開発したジャーメイン（C. Germain）とギッターマン（A. Gitterman）は『ソーシャルワーク実践のライフ・モデル』（1980）を出版した。ライフ・モデルは，人と環境の相互作用に注目し，ソーシャルワークにおける新たな視点を取り入れたモデルである。また，さまざまな理論に基づいたソーシャルワークのアプローチも考えられるようになり，危機介入や行動変容など，ソーシャルワークは広がりをみせるようになったのである。

（3）ジェネラリスト・ソーシャルワークへ

前述した1929年のミルフォード会議の報告書において，ジェネリックとスペシフィックそれぞれのケースワークの概念をまとめることで，ケースワークの基本となるジェネリックな知識と価値を確認することができた。また，その後，

ケースワーク，グループワーク，コミュニティ・オーガニゼーションが分離していくなか，バートレットが『ソーシャルワーク・プラクティスの共通基盤』(1970) を出版し，議論していくことで，先の三者ともにソーシャルワークであるとして，共通基盤を見出すことができた。その後，新たな視点として，システム理論や生態学理論を取り入れた，人と環境の相互作用の調和をめざす生活モデルが開発されたが，このようなソーシャルワークの変遷は，社会の動きと密接に関連している。貧困問題が大きくなるなか，友愛訪問を通してケースワークは発達した。そして第一次世界大戦で兵士や家族の心理的側面への支援が重視されるようになり，さらに各分野の専門職化が進んだ。その後は人種差別や女性解放運動など社会問題との関わりが深い困難を抱えたクライエントに対する支援が求められるようになり，ソーシャルワーカーは人と環境の接点に介入していくシステム理論や生態学理論をソーシャルワークに取り入れてきた。

　現在の多様な状況，さまざまな環境のなかで生活するクライエントの課題は，すでにケースワークだけでも，グループワーク，コミュニティ・オーガニゼーションだけでも対応ができなくなっている。また，特定のアプローチだけでも支援が限られてしまう。イギリスでは，1968年にシーボーム報告が出され，特定の課題ではなく広い視野に立ったアセスメントと家族ソーシャルワーク，コミュニティへの介入が必要だと指摘された。1982年には，バークレー報告で，個別的な支援だけでなく，さらにソーシャルワーカーのコミュニティへの介入が強調された。アメリカでは，1970年代以降，さまざまな社会問題が深まるなか，スペシャリストとしてのソーシャルワーカーよりも，多様なクライエントの初期対応ができるジェネラリストとしてのソーシャルワーカーが求められるようになる。それを背景に，1974年にソーシャルワーク教育委員会は，大学の学部教育にジェネラリスト・アプローチを取り入れることを認めた。

　日本においても，貧困・虐待・病気・障害・LGBT など社会との関わりの間で困難を抱えるクライエントの支援が必要になっており，求められる範囲もミクロだけでなく，メゾ・マクロへと広がっている。誰もが地域社会で生活できるように，個人だけでなく，地域社会も含めた支援が必要になっている。ソーシャルワーカーは，クライエントを人と環境との関わりのなかでとらえて，

表4-1　ソーシャルワークの歴史（イギリス）

中世初期	領主による農奴の支配と保護，村における共同体としての相互扶助
中世後期	農奴が都市へ流出し，都市には浮浪者が増加
	救貧法により，浮浪者を規制
	増える貧困者などに対する慈善活動の活発化
1869年	ロンドンに慈善組織協会が設立される
1884年	セツルメント施設である，トインビー・ホールが設立される
1886年	ブースがロンドンで貧困調査をはじめる

出所：筆者作成。

表4-2　ソーシャルワークの歴史（アメリカ）

1877年	バッファローに慈善組織協会支部が設立される
1889年	リッチモンドがボルチモア慈善組織協会に加わる
1898年	ニューヨークで応用博愛夏期学校が開設される
1915年	フレックスナーが，ソーシャルワーカーは専門職ではないと講演する
1917年	リッチモンドが『社会診断』を出版
1910年代〜1920年代	全米病院ソーシャルワーカー協会などさまざまな専門職団体が設立される
1929年	ミルフォード会議報告書で，ジェネリック・ソーシャル・ケースワークの重要性が確認される
1939年	レイン報告書において，コミュニティ・オーガニゼーションについて提唱される
1946年	コイルが全米社会事業会議において，グループワークについて講演
1950年代	ケースワーク，グループワーク，コミュニティ・オーガニゼーションがそれぞれの専門性を主張し，乖離しはじめる
	ケースワークが精神分析や心理的課題を重視するようになる
1970年	バートレットが，『ソーシャルワーク・プラクティスの共通基盤』において，ソーシャルワークの共通基盤について唱える
	ケースワーク，グループワーク，コミュニティ・オーガニゼーションは，ともにソーシャルワークの１つであると考えられるようになる
	行き過ぎた精神分析を見直す動きがはじまる
1980年	ジャーメインとギッターマンが，『ソーシャルワーク実践のライフ・モデル』において，人と環境の相互作用に注目したソーシャルワークのモデルを提唱
	さまざまな初期課題に対応ができる，ジェネラリスト・ソーシャルワークの重要性が唱えられるようになる

出所：筆者作成。

個人的側面だけでなく，対人関係，さまざまな施設や機関，組織との関係，制度・政策との関係などの側面からアセスメントし，支援を展開していかなければならないのである。

　すなわち，ソーシャルワーカーは，ケースワークでも，グループワーク，コミュニティ・オーガニゼーションだけを用いるのではなく，それらを使い分けながら，クライエントをあらゆる角度・レベルで把握し，介入していかなければならないのである。その支援の根底には，ソーシャルワーカーとして共有されているジェネリックな基盤，知識と技術がある。このように，ジェネリックな基盤をもとに，クライエントを人と環境のなかでとらえ，あらゆるレベルで支援が展開できるジェネラリスト・ソーシャルワークが必要とされているのである。

参考文献

高島進（1979）『イギリス社会福祉発達史論』ミネルヴァ書房。
右田紀久恵ほか編（2001）『社会福祉の歴史——政策と運動の展開』有斐閣。
リッチモンド，M. E.／小松源助訳（1991）『ソーシャル・ケース・ワークとは何か』
　中央法規出版。

学習課題

① 慈善組織協会における友愛訪問の活動が，どのようにケースワークへとつながったのかまとめてみよう。
② ジェネラリスト・ソーシャルワークが必要されるようになった経緯についてまとめてみよう。

~~~~~~~~~~~~~~~~~~~~~~~ コラム　仕事を続けている理由 ~~~~~~~~~~~~~~~~~

　学生の頃，「アセスメントが大切」と言われてきましたが，スクールソーシャルワーカーを始めた当初はアセスメントの大切さをあまり理解していませんでした。表面的な情報収集しか行っていなかったため，子どもの背景よりも，今起きている出来事ばかりに目が向いてしまい，場当たり的な対応ばかり考えていました。学校現場としても，即効性のある支援方法を知りたいという傾向もあり，あまり疑問に思っていませんでした。しかし，子どもが本当に必要としていた支援とは異なるものになっていたため，子どもの環境は良くなりませんでした。

　子どもの様子が一向に変わらない，逆にひどくなっていっているかもしれないと思っていた時に先輩から「その支援をする根拠は何？」と言われました。はじめは，何を言われているかわかりませんでしたが，しっかりとした根拠がなく支援を考えていたことに気づきました。目の前の出来事ばかりを見て，この状態に至る背景やさまざまな情報が収集できていませんでした。

　子どもに関わる人は，方法や程度に違いはあれども，子どもを助けたい，子どもの環境を良くしたいという同じ想いをもって，日々全力を尽くしています。子どものことを想う気持ちは同じだけれど，理解し合えず行き違いになることもあります。たとえば，ある人は「発達障がいだからこの行動をしている」ととらえても，「虐待されているからこの行動をしている」ととらえる人もいます。とらえ方が違うと，支援の仕方が違ってくるため，子どもを良くしたいと思っている人たちが協力することができなくなります。

　子どもの生育歴や学校での様子，家庭環境などさまざまな情報を知ることで，子どもの置かれている状況が見えてきます。関わっている人たちがその子どもの状態を共通理解し同じ目標をもってそれぞれの役割を果たすことができれば，非常に大きな力になります。

　子どもの状況をアセスメントして，学校の先生や関係機関の人と共通理解し一致団結できた時は，抱き合って喜びたいほど嬉しい気持ちになります。そして協力した結果，子どもの状況が良くなっていると，泣いてしまうほど嬉しいです。一度この経験をしてしまうと“なかなか辞められないな”と思います。

<div style="text-align: right">橘髙　友里（奈良市スクールソーシャルワーカー）</div>

第5章

地域を基盤としたソーシャルワーク

　地域福祉実践では，支え手と受け手に分かれるという考え方を基調に，地域住民が安心して生活できる地域社会をめざそうとしてきた従来的考え方から，最近では支え手と受け手を分けるのではなく，すべての住民が支えながら，自分らしく活躍できる地域共生社会の実現をめざそうとする考え方にパラダイムシフトしている。その一方で，家族の形態や機能の変容，地域のつながりの希薄化をはじめとする地域社会の変容に伴い，地域住民の生活課題は多様化，複雑化している。こうした今日的な地域福祉課題への対応には，それ相応の地域福祉援助の方法論が求められることになり，それが「地域を基盤としたソーシャルワーク」ということである。本章では「地域を基盤としたソーシャルワーク」の考え方を整理しながら，地域を基盤としたソーシャルワーク実践における課題と展望について論じる。

1　わが国における今日的な地域福祉課題

（1）地域社会を取り巻く状況と地域が抱える福祉課題

　今日，わが国における地域社会が抱える福祉課題にはどのような特徴がみられるだろうか。

　2008（平成20）年，厚生労働省は「これからの地域福祉のあり方に関する研究会報告書」を公表した。その内容を確認すると，今日の地域社会の変化と特徴が記されている。それは工業化・都市化のなかで地域の連帯感が希薄化し，地域社会の支え合う関係の脆弱化が著しく，また限界集落では地域社会の維持

さえも困難なところが出現しているといった内容である。

　特に，近年では地域で多様な福祉課題が出現しはじめている。それは公的な福祉サービスだけでは対応できない生活課題⁽²⁾，すなわち，一人暮らし高齢者等のゴミ出しや電球の交換といった軽易な手助け，さまざまな問題を抱えながらも従来の公的な福祉サービスで定められているサービス給付要件に該当しない，「制度の谷間にある者」への対応などがそれにあたる。その他，公的な福祉サービスによる総合的な対応が不十分であることから生じる問題や，社会的排除の対象となりやすい者や少数者，低所得の問題，「地域移行」という要請といった課題もこの報告書で提起されているところである。

　かつて，わが国では福祉課題は特別な問題であり，ごく一部の人達の限定的な問題とみなされてきた過去があるが，今は違う。今日の地域における福祉課題は地域住民誰もが遭遇する可能性をもつ普遍的な問題としてとらえておく必要がある。大橋謙策は，現代における地域問題をとらえる場合，「『一般住民の生活課題と福祉サービス対象者の福祉課題との乖離的状況』がなくなりつつある状況になっている⁽⁴⁾」と述べている。

　今後，地域における福祉課題は広く地域住民が共通して関心を寄せる生活課題であるという理解のもと，こうした福祉課題の解決をめざすソーシャルワーク，すなわち「地域を基盤としたソーシャルワーク」が求められる。本章では，この「地域を基盤としたソーシャルワーク」というテーマで，以下，説明を行っていく。

（2）地域を基盤としたソーシャルワークが求められる背景

　近年の地域社会の変化に伴って，公的な福祉サービスだけでは対応することが難しい地域住民の生活課題が多様化，複雑化している。こうした生活課題の解決にあたっては，地域住民が主体となりながら，その問題解決をめざすコミュニティが求められることになる。当然ながら，こうしたコミュニティを形成するための方法論が重要となるわけであるが，その方法論が「地域を基盤としたソーシャルワーク」ということになる。

　前出の報告書では，住民の地域福祉活動を推進しながら，地域住民が抱える

問題解決をめざすために地域社会における一定の圏域に地域福祉のコーディネーターを配置する必要性が提言されている。この背景には，わが国の福祉制度がそれなりに成熟してきたにもかかわらず，今地域では深刻化する福祉ニーズの増大を受けて公的な制度では対応しきれない，対処できていないという現状認識が前提にある。コーディネーターにあたるソーシャルワーカーが，地域を基盤としたソーシャルワークを活用しながら，公的な制度では対応しきれない課題解決へアプローチしていくことが大切となる。

2　地域を基盤としたソーシャルワーク

（1）地域を基盤としたソーシャルワークとは何か

　地域を基盤としたソーシャルワークとは何か。それを理解していくために，まずは「地域を基盤としたソーシャルワーク」がどのように定義づけされているのかを確認しておきたい。

　たとえば岩間伸之は，「地域を基盤としたソーシャルワークとは，ジェネラリスト・ソーシャルワークを基礎理論とし，地域で展開する総合相談を実践概念とする。個を地域で支える援助と個を支える地域を作る援助を一体的に推進することを基調とした実践理論の体系である」としている。

　岩間は地域を基盤としたソーシャルワークについて説明するための基本的枠組みとして，「ジェネラリスト・ソーシャルワーク」「地域を基盤としたソーシャルワーク」「総合相談」の3つの概念を持ち出し，三層構造（図5-1）を示している。この3つの概念の関係と理論的位置については，上部に向かうほど「実践的」であり，下部に向かうほど「理論的」であるという。もう少し補足説明をいれておけば，地域を基盤としたソーシャルワークは，下段に位置する「ジェネラリスト・ソーシャルワーク」をその基礎理論として用いることに理論的根拠が与えられ，上段の「総合相談」は「地域を基盤としたソーシャルワーク」とそれを地域で展開するための仕組みを包む実践概念として説明されている。

　従来のソーシャルワークは分野別，対象者別にその実践の理論が発達してき

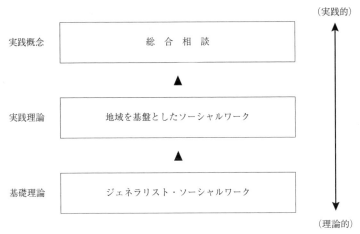

図5-1　地域を基盤としたソーシャルワークをめぐる3つの概念

出所：岩間伸之（2011）「地域を基盤としたソーシャルワークの特質と機能——個と地域
の一体的支援に向けて」『ソーシャルワーク研究』37（1），7頁。

た流れがみられる。一方，最近の地域住民の生活課題に目を向けてみると，前出の報告書で示されていたように，サービス給付要件に該当しない者や「制度の谷間にある者」への対応，さらには公的な福祉サービスによる総合的な対応の不十分さから地域住民の生活課題への解決には至らないケースも目立つようになってきた。こうした一連の福祉課題の解決について検討しようとする際に，理解しておかなければならないポイントがいくつかある。その1つは今日の地域社会において地域住民が抱える多様な福祉課題すべてに，以前のような分野別，対象者別に発達してきたソーシャルワークでは対応できなくなってきているということがある。そしてもう1つは，住民と行政が協働し，地域の多様な支援のネットワークを生み出すコミュニティを育みながら，地域住民が抱える課題解決のためのソーシャルワーク実践の方法論を確立することが重要になるということである。

　こうした福祉課題の解決に向け，鍵を握るのが，まさしく，これまでの分野別，対象者別に発達してきたソーシャルワークを取り込んだソーシャルワーク，つまり，地域を基盤としたソーシャルワークである。

（2）地域を基盤としたソーシャルワークがめざすもの

　ソーシャルワークが支援を必要とする人々に対し公平かつ平等にウェルビーイングに貢献し「社会に存在する障壁，不平等および不公正（injustices）に働きかけて取り組む」ことを目標にするのであれば，地域を基盤としたソーシャルワークも当然ながら，地域社会に存在する障壁，不平等および不公正に働きかけながら，支援を必要とする地域住民のウェルビーイングに貢献する状態をめざすということになる。

　地域住民の生活課題を解決していくには，支援ニーズを有する者の内面へのアプローチだけでなく，その者が置かれる環境の両面にアプローチし，両者に変化を促そうとする支援方法が求められることになる。その両方に介入していく唯一の方法がソーシャルワークである。こうしたソーシャルワーク実践を行う時に，ソーシャルワーカーが気をつけておかなければならない点がある。それは，地域を基盤としたソーシャルワークがめざすゴール，つまり目標設定に注意を払うということである。ソーシャルワークが最終的にめざすべきものは支援を必要とする人々のウェルビーイングの実現である。地域住民が抱える生活課題が解決され，その暮らしがよりよい方向に向かう結果（タスク）をめざすことをその目標を設定することはいうまでもない。

　ところが，地域を基盤としたソーシャルワークのゴールというのは，それだけにとどまらない。具体的には，そのプロセスやリレーションといったゴールまで重視し，評価していかなければならないのである。たとえば，腕利きのカリスマ的ソーシャルワーカーが一人で，何らかの生活問題を抱える人に対し，その人の生活問題の発生につながる環境に介入し，問題が除去され，その人にとってのウェルビーイングの確保につながったとする。しかし，仮に結果（タスク）としてはクリアしたとしても，その支援過程（プロセス）において次回同じような問題が生じた場合に，その対象者の問題対処に向けた意識や能力が育まれたのか，その人を支えてくれる支援者を掘り起こし，協働して問題解決に臨む支援ネットワークが形成されたのか等，支援過程（プロセス）や関係力学の変化（リレーション）といったゴールは重視されなかったということになる。地域を基盤としたソーシャルワークでは，地域住民の生活課題が解決されると

ともに，その解決に寄与するコミュニティ形成をめざすことになる。地域住民の生活課題が解決され，その暮らしがよりよい状態になったかどうかという部分がまさに結果（タスク）であるが，その過程（プロセス）はソーシャルワーカーをはじめとする一部の専門職だけで進められ，住民の生活課題解決や地域づくりを担うわけではない。地域住民やボランティアをはじめとしたインフォーマルサポートと行政や社会福祉法人といったフォーマルサポートが支援ネットワークを形成し，これからの地域社会に即したコミュニティ形成を進め，課題解決に結びつけることが大切となる。つまり支援の過程（プロセス）を重視し，結果（タスク）を実現していくことが求められるのである。さらに地域を基盤としたソーシャルワークでは予防的かつ積極的アプローチも重視されることになる。そこには地域住民が生活課題への対処といった経験を通じ，これから新たに降りかかる生活課題に対処するためのモチベーションや能力，さらには，ネットワークの形成力といったリレーション（関係性）をも強化しながら地域を基盤としたソーシャルワーク実践を展開させていくことが必要となる。

（3）地域を基盤としたソーシャルワークの特徴と機能

　ここからは，地域を基盤としたソーシャルワークの特徴とその機能について説明する。

　岩間は「地域を基盤としたソーシャルワーク」の特質を4つに整理している[10]。1点目の特質は，「本人の生活の場で展開する援助」というものである。従来のソーシャルワークでは，本人が相談機関に出向き，そこで必要な援助を受けるということが基本スタンスであり，これは本人の日常生活を送る場所から離れたかたちでその実践の展開が繰り広げられることが多かったという見方が示されている。ところが，「地域を基盤としたソーシャルワーク」はその従来のソーシャルワークにおける基本スタンスから脱け出すべく，本人が生活する拠点，つまり生活圏域を重視した実践の展開に期待が寄せられているというのである。また，本人が生活する拠点でこの地域を基盤としたソーシャルワークが実施される時，重視しなければならない基本スタンスについてもあわせて提示されている。それは，従来のソーシャルワークを実施する機関の機能に本人が

自身の抱える課題を合わせにいくのではなく，本人の課題にサービスや制度が合わせていくというものである。これについては，従前みられたソーシャルワーク実施機関の縦割り化による弊害，つまり分野別，対象者別のソーシャルワーク実践の問題の解消を「地域を基盤としたソーシャルワーク」に託すという考えが表れていると理解できる。本人が抱える生活問題にサービス提供機関の機能が合わない時には，それが合う機関に本人自らが出向くといった，いわゆる「援助のたらいまわし」を防ぐ役割が地域を基盤としたソーシャルワーク実践にはある。

　そして，2点目の特質が「援助対象の拡大」である。前出の報告書では「制度の谷間にある者」への対応がこれからの地域福祉実践の課題の1つとして挙げられていた。「制度の谷間にある者」について理解する際に，よく注意を払っておかなければならない点がある。わが国の福祉サービス提供体制において，支援を必要とする者への総合的な対応の不十分さから，最近になって新たに「制度の谷間にある者」が生み出されてきているととらえられがちであるが，そうではない。従来からこうした人々は存在しており，最近になってようやく「制度の谷間にある者」への注目度が高まり，問題として認識されてきたという方が正しい見方であろう。岩間はこの「制度の谷間にある者」に対しての地域を基盤したソーシャルワークが動き出す場合に，その対象認識を正しく行ったうえで，実践に踏み出すことへの重要性を説明している。具体的には，本人の「生活のしづらさ」をその対象としてとらえているのである。そもそも地域を基盤としたソーシャルワークの対象課題について考える際に，どのような法律的枠組みで対応できる課題なのか，その視点で問題の性質を見極めようとしても問題解決には至らないことがある。なぜなら，人々の生活課題は今存在する法律・制度に沿って発生するというわけではなく，生活課題に沿って法律や制度が整備されているからである。地域社会，そして人々の抱える生活課題も変容している今，大事になってくるのは，地域生活を送る人々の「生活のしづらさ」がどこにあるかに注目するということである。「地域を基盤としたソーシャルワーク」は本人の生活のしづらさがどこにあるのかという部分に注目し，いま整備されている法律・制度では対応できないこうした課題にも対応しよう

とする部分に1つの特徴があるといえよう。

　3点目の特質には「予防的かつ積極的アプローチ」が挙げられている。この特質については，地域を基盤としたソーシャルワークが本人の問題が発生した後にいかに的確かつ適切に問題解決に向かわせるかということだけではなく，本人の問題発生を未然に防ぐことができるか，あるいは問題を深刻化させないかといった，いわゆる予防的働きかけを重視する部分にその特質があるというものである。たとえば地域社会において解決が求められている喫緊の課題の1つには児童をはじめ障害者や高齢者への虐待問題がある。なかでも児童虐待問題を取り上げた時，虐待が発生した後の子どもや親への対応を適切に行おうとする虐待の対応に比重が置かれるのではなく，虐待そのものをいかに発生させないかという虐待予防を重視する考え方が大切になってくる。こうした考え方は，虐待が一度起きてしまえば，今まさに虐待を受けた子どもへの直接的な影響から，将来産まれてくる子どもにまで影響を及ぼすと考えられる。「地域を基盤としたソーシャルワーク」では，この予防的アプローチにつなげていくためにも，人々の潜在的ニーズに目を向け，積極的に働きかけを行うところに特徴がある。

　最後の4点目に挙げられている特質が「ネットワークによる連携と協働」である。ここまででふれたように，地域住民の生活課題が複合化してきている以上，地域住民はもとより，行政機関や地域に存在する多様な福祉サービス提供機関，そこに所属する専門職，さらにはボランティアなどが連携・協働しながら，ネットワークを形成し住民の生活のしづらさに対応していく部分にこそ特徴が見出せるといえよう。

　以上，ここまで岩間が提起する地域を基盤としたソーシャルワークの特質を取り上げた。さらに，岩間はこの4つの特質をふまえ，地域を基盤としたソーシャルワークにおける8つの機能を提起している。その具体的機能については表5-1で紹介しておきたい。

表5-1 「地域を基盤としたソーシャルワーク」の8つの機能

機　能	概　要
1　広範なニーズへの対応	「制度の狭間」の解消を視野に入れた従来の制度的枠組みに依拠しない援助対象。地域生活上の「生活のしづらさ」という広範なニーズへの対応。アウトリーチおよび先駆的・開発的機能の重視。
2　本人の解決能力の向上	個人，家族，地域住民等の当事者本人を課題解決やニーズ充足の主体とする取組み。地域における生活主体者としての視座の尊重。主体性の喚起によるエンパワメントの促進。
3　連携と協働	地域における多様な担い手や複数の機関との連携と協働。ネットワークの活用による課題解決アプローチ。本人を中心においたオーダーメイドの支援システムの形成。
4　個と地域の一体的支援	個を地域で支える援助と個を支える地域をつくる援助の一体的推進。個別支援から地域支援への連続性のある展開。「一つの事例が地域を変える」という積極的展開。
5　予防的支援	事後対応型から事前対応型への転換。地域住民との協働による早期発見，早期対応，見守りの推進。広範なアウトリーチの展開。地域における予防的プログラムの開発および導入。
6　支援困難事例への対応	多様化，深刻化，潜在化の様相を呈する支援困難事例への適切な対応。専門職による根拠に基づくアプローチ。地域における多様な担い手によるケースカンファレンスの活用。
7　権利擁護活動	最低限度の生活の維持および権利侵害状態からの脱却。さらに，本人の自己実現に向けたエンパワメントの促進，予防的観点からの権利擁護，権利侵害を生む環境の変革を包含。地域における多様な担い手の参画。
8　ソーシャルアクション	個別支援の蓄積から当事者の声を代弁し，その声を束ねながら社会の側の変革を志向。広範な個別ニーズの把握，地域住民の気づきの促進，分かち合いの促進，共有の拡大と検証という展開を重視。

注：表は岩間伸之（2011）「地域を基盤としたソーシャルワークの特質と機能——個と地域の一体的支援の展開に向けて」『ソーシャルワーク研究』37（1），11頁の表を岩間が一部改変したものである。
出所：岩間伸之（2015）「総合的かつ包括的な相談援助の全体像」社会福祉士養成講座編集委員会編『相談援助の基盤と専門職（第3版）』，中央法規出版，170頁。

3　地域を基盤としたソーシャルワークの実際と展開

　前節で紹介した岩間による「地域を基盤としたソーシャルワーク」の機能の1つに「個と地域の一体的支援」が提起されていた。この機能は「地域を基盤

としたソーシャルワーク」を展開するうえで，常時，ソーシャルワーカーは「個を地域で支える援助」と「個を支える地域をつくる援助」を射程にとらえながら援助を一体的に推進させていくというものである。この「個と地域の一体的支援」についての理解をさらに進めていくために，その基本的視点について以下，説明を加えておく。

（1）個を地域で支える援助

　クライエントの要求に従い，援助者とクライエントとの関係性をいかに良好かつ適切なものに構築できるかという視点から提唱されているバイステック（F. P. Biestek）によるケースワークの7つの原則は有名である。そのなかの1つに「個別化」という原則が挙げられている。人は誰でも固有の人格をもつ一人の人間として大切にしなければならないという考え方がそれである。たとえば，クライエントが生活困難に陥り，何らかの支援を必要とする状態に陥った時，その生活困難に対する不安や苦痛の度合いは人それぞれ異なり，その困難を生じさせている要因についてもやはり一人ひとりに異なるということをソーシャルワーカーは認識しておく必要がある。さらに，本人がどのようなかたちで自己実現を望むのか，その願いや要求も人によって異なるということを念頭に置きながら，ソーシャルワーカーは援助実践に取り組まなければならない。

　「地域を基盤としたソーシャルワーク」においても当然ながら，支援を必要とする人の「個別性」を重視しながら，複雑化かつ複合化してきている支援ニーズを1つずつ明らかにしていく。また，ソーシャルワーカーによって明らかにされたニーズを充足していくために地域に存在するフォーマル，インフォーマルな専門職が連携・協働しながら，ニーズを抱える個人を地域全体で支えていこうとする援助がまさに「個を地域で支える援助」である。チームアプローチとは「共通する目標をもとに複数の人の知恵と力を結集する総合的な援助の布陣であり，問題解決の手法である」といわれる。まさに，ソーシャルワーカーが起点となり，地域の潜在力を掘り起こし，そして地域のマンパワーを総動員しながら個の自己実現をめざす援助を展開させなければならない。

（2）個を支える地域をつくる援助

　地域を基盤としたソーシャルワークが単に「個を地域で支える援助」に終わることなく，「個を支える地域をつくる援助」をも並行させながら援助が展開されていくことが重要となる。岩間は，地域を基盤としたソーシャルワークの8つの機能のなかに位置づけられるこの「個と地域の一体的支援」という機能が「地域を基盤としたソーシャルワークの中核概念」であり，「中核的機能として位置づけられる」と説明する。

　改めて「個と地域の一体的支援」が地域を基盤としたソーシャルワークの重要機能である点をいったん確認したうえで，それを展開する場合にソーシャルワーカーに求められる援助原則について説明を加えておきたい。それは「個を地域で支える援助」の実践展開では先述した「個別化」の原則が重要であり，「個を支える地域をつくる援助」の場合には，いわば，それとは逆の「脱個別化」の考え方が重要となるということである。特に「脱個別化」の考え方については「個別化した援助にとどまらず，幅広い社会文脈の中で事例の普遍性をみようとする視点」をもつことが援助者に要求されることになる。たとえば，地域において孤立化した一人暮らしの高齢者が存在していたとしよう。この高齢者はここ最近，軽度の認知症の症状が現れ，地域において在宅生活を維持していくために，食事支援や家事支援，介護サービス等の必要性を自覚しはじめたとする。「個を地域で支える援助」では，ソーシャルワーカーは利用者の個別性を重視しながら，支援ニーズを明らかにし，地域全体でそのニーズを充足していくことが求められる。しかしながら，「個を支える地域をつくる援助」では，一度利用者の個別性の視点を外し，このような課題を有する高齢者がほかに地域内に存在しないか，また広がりをみせていないかといった「課題の普遍化」を確認する視点をもたなければならないのである。「地域を基盤としたソーシャルワーク」は生活課題を抱える個人としての援助対象者を大切にしながらも，この一人の援助対象者が抱える生活課題が地域に広がりをみせていないのかにまで視野を広げ，それが地域課題として認識される場合に，地域力を形成しながら解決へとアプローチしていくソーシャルワークといえよう。

4　地域を基盤としたソーシャルワーク実践における課題と展望

　今日，わが国では「地域課題の解決力の強化」「地域丸ごとのつながりの強化」「地域を基盤とする包括的支援の強化」「専門人材の機能強化・最大活用」を骨格とする「地域共生社会」の実現に向けてさまざまな改革が行われている。「地域共生社会」の実現をめざすうえで「地域を基盤としたソーシャルワーク」が具体的方法論の１つという理解に違いはないが，「地域を基盤としたソーシャルワーク」がこれからの地域住民のさらなる豊かな暮らしに向けて貢献していくための課題は少なからず存在する。改めてその課題とは何かに着目しておきたい。

　ここまでの「地域を基盤としたソーシャルワーク」の説明では，特に独自の視点で「地域を基盤としたソーシャルワーク」の理論的枠組みについてとらえ直しを試みた岩間による考え方を前面に取り上げながら論じてきたが，その岩間は「地域を基盤としたソーシャルワーク」を理解していくための前提として以下のような説明を行っている。「そもそも『地域を基盤としないソーシャルワーク』は存在しないはずである。すべての人は地域で生活を営んでいる。このことは，『地域を基盤としたソーシャルワーク』とは，決して新しいソーシャルワーク理論ということではなく，理論上では従来から明確にされ，また重視されながらも，実践上では十分に遂行されてこなかったソーシャルワークの本質的な実践に再度光を当てたものと表現できる」。

　この説明をふまえると「地域を基盤としたソーシャルワーク」の１つの課題が浮かび上がってくる。それは，地域福祉実践の観点からみると，ここまで発展してきている地域を基盤としたソーシャルワーク理論を下敷きに据えた実践が十分に遂行されてこなかったという課題である。さらに，そこからもう一歩踏み込んだ課題を示しておけば，それは「地域を基盤としたソーシャルワーク」を遂行するソーシャルワーカー養成，育成といった面で課題を有していると理解することができる。

　「地域を基盤としたソーシャルワーク」の基礎理論を成しているのは「ジェネラリスト・ソーシャルワーク」であった。岩間の説明では，「地域を基盤としたソーシャルワーク」がここ最近になって新たに登場したソーシャルワーク方法論ではないにせよ，少なくとも社会福祉のメインストリームが地域福祉という認識がもたれはじめる2000（平成12）年頃までは，従前のソーシャルワークは分野別，対象者別にその実践理論が発達し，ソーシャルワーカーは各領域下でその発達してきた実践理論を援用し，利用者が抱える問題解決に注力していたという面があることは否めない。すなわち，ここまで実践レベルでみるソーシャルワーカーは「ジェネラリスト・ソーシャルワーク」というより「スペシフィック・ソーシャルワーク」にその比重を置き，その専門性の維持・向上のための研鑽を図ってきたと考えられる。これから「地域を基盤としたソーシャルワーク」を活用し，個人にも地域にも高く貢献できるソーシャルワーカーを養成，育成していくには，その基礎理論である「ジェネラリスト・ソーシャルワーク」はもとより，その理論をしっかり実践に活かすことができる専門性を身につけることが重要となる。

　2019（令和元）年6月に厚生労働省から「社会福祉士養成課程における教育内容等の見直しについて」並びに「新たな社会福祉士養成課程のカリキュラム（案）」が示されている。今後，地域共生社会の構築をめざすために，新たな教育内容を修めることが「地域を基盤としたソーシャルワーク」の展開のための力量形成にどのようにつながっていくのか，その動向に注視する必要がある。また，2011（平成23）年10月には，社会福祉士の質の向上を図り，国民の福祉の増進に寄与するという目的で認定社会福祉士認証・認定機構が設立され，社会福祉士のキャリアアップ支援とその実践力を認定していく制度として，「認定社会福祉士」制度が現在運用されている。制度創設より10年弱の期間が経過しているが，キャリアアップを遂げる社会福祉士の実践力と地域住民の生活課題解決へどのように貢献できているのか，その成果に対する評価，検証を行いながら，研修プログラムをはじめとした養成，育成制度の見直しが図られていくことが，今後重要となる。

注

(1) 厚生労働省「これからの地域福祉のあり方に関する研究会報告書」(「地域における『新たな支え合い』を求めて――住民と行政の協働による新しい福祉」) (https://www.mhlw.go.jp/shingi/2008/03/s0331-7a.html　2020年6月12日閲覧)。

(2) (1)の報告書では，本文において「公的な福祉サービスだけでは対応できない生活課題」という見出しで，その具体的課題について紹介している。前掲のホームページを参照されたい。

(3) (1)の報告書では「『地域移行』という要請」の見出しで，障害者自立支援法のもと，2011 (平成23) 年度末までに1.9万人の障害者が福祉施設から地域生活に移行し，3.7万人の精神障害者が病院から地域に移行することが見込まれるなど，施設・病院から地域への移行が進められており，これら地域生活に移行する人たちを支える仕組みが求められているという内容を報告している。

(4) 大橋謙策 (2009)「福祉コミュニティの考え方と地域福祉の主体の形成」社会福祉士養成講座編集委員会編『新社会福祉士養成講座 9　地域福祉の理論と方法』中央法規出版，21頁。

(5) 田中英樹 (2009)「コミュニティソーシャルワークの考え方」社会福祉士養成講座編集委員会編『新社会福祉士養成講座 9　地域福祉の理論と方法』中央法規出版，118頁。

(6) 岩間伸之 (2019)「『地域を基盤としたソーシャルワーク』の全体像」岩間伸之・野村恭代・山田英孝・切通堅太郎『地域を基盤としたソーシャルワーク――住民主体の総合相談の展開』中央法規出版，16頁。

(7) (6)と同じ，14〜16頁。

(8) (6)と同じ，15頁。

(9) 中村俊也 (2004)「ウェルビーイング実現へのアクセスとしてのソーシャルワーク実践――ソーシャルワーカーに人権と社会正義はいかなる指針を示すのか」『社会関係研究』10 (1)，109頁。

(10) (6)と同じ，29〜33頁。

(11) 子どもへの直接的な影響には，子どもの生命への危機はもちろんのこと，身体的発育や知的発育，そして劣等感や攻撃性，無力感を感じやすくさせるなどの心理的側面まで大きく影響することが考えられる。

(12) 児童虐待を受けた子どもが将来親になり，子どもをもった時，その子どもへ虐待するリスクが高まるといったいわゆる虐待の世代間連鎖が考えられる。

(13) 岩間伸之 (2012)「地域を基盤としたソーシャルワークの基本的性格」岩間伸之・原田正樹『地域福祉援助をつかむ』有斐閣，20頁。

(14) (5)と同じ，123頁。

(15) (6)と同じ，35頁。

⒃　⑸と同じ，123頁。

⒄　厚生労働省「『地域共生社会』の実現に向けて」（https://www.mhlw.go.jp/stf/
AA10K-newpage_00506.html　2020年6月24日閲覧）の「地域共生社会の実現に向
けた改革の骨格」を参照されたい。

⒅　⑹と同じ，14頁。

⒆　厚生労働省「社会福祉士養成課程における教育内容等の見直しについて」（https:
//www.mhlw.go.jp/content/000523365.pdf　2020年6月24日閲覧）。

⒇　厚生労働省「新たな社会福祉士養成課程のカリキュラム（案）」（https://www.
mhlw.go.jp/content/000525183.pdf　2020年6月24日閲覧）。

参考文献

岡村重夫（2009）『地域福祉論　新装版』光生館。

学習課題

①　あなたが住んでいる地域の福祉課題を調べ，その特徴についてまとめてみよう。

②　「地域を基盤としたソーシャルワーク」の考え方をふまえ，①で取り上げた地域
の福祉課題の解決に向けた方策について検討してみよう。

～～ コラム　複雑多様化するケース課題とソーシャルワーカーの役割 ～～

　現在私は，福岡県大牟田市中央地区地域包括支援センターに所属し，相談支援包括化推進員を兼任しています。相談支援包括化推進員とは，子どもから高齢者まで幅広い対象者が抱える複合的な問題に対応するため，地域に存在する相談支援機関（相談支援事業所，地域包括支援センター等）と連携・協働しながら，問題解決のためのコーディネート業務を行う専門職です。また相談者の課題が地域にまで広がりをもつと判断すれば，地域の課題としてとらえながら解決をめざします。まさに「地域を基盤としたソーシャルワーク」を展開するのが自分の仕事です。ここでは，現場実践者の目線から，日々の実践で大切にしている考えを発信したいと思います。

　ソーシャルワーカーといえば，ソーシャルワーカーの手によっていかに相談者が抱える悩みや問題を解決させられるか，この1点を重視する専門職と思われるかもしれません。しかしながら，私の考えはそれとは異なります。ソーシャルワーク実践の展開において，もっぱら大切にしている考え方とは，相談者が自らの抱える問題を，相談者自身の手で，地域力を活用しながら解決するということです。すなわち，相談者の問題解決のための主役はあくまで本人と地域であるという考え方に他なりません。ソーシャルワーカーは常に脇役に徹し，相談者の問題解決のための意欲や力，そして地域力を伸ばす可能性を探り，側面的に支援を行う必要があります。

　最近では「何でも相談してください」「相談窓口を開設しました」というキャッチフレーズを掲げ，総合相談の可能な窓口を開設する機関も多く出現しています。ソーシャルワーカーが中心となり，ワンストップで問題解決をめざす仕組みは素晴らしいものです。しかしながら相談者の抱える課題を明らかにした後の支援のありようも重要です。相談者の，そして地域の課題解決能力を引き出す支援を展開させるには，総合相談の可能な窓口のみ開設するだけでは意味がありません。そこで応対する専門職の「専門性の向上」が求められます。今，自身が福祉の現場に第一線で立つ以上，ソーシャルワーカーとしての専門性を絶えず磨き続け，わが街"大牟田"の福祉に貢献していきたいと強く思います。

竹下　一樹（大牟田市役所福祉課）

第Ⅱ部

ソーシャルワークの基礎技術

第6章

ソーシャルワークにおける援助関係

　ソーシャルワーカーにおける援助の対象は，生活上の困難を抱え，他者の援助を必要としている人々（利用者）である。利用者の日々の生活や人生を支えるソーシャルワーカーの仕事において，援助の質を左右する要因の1つに利用者との関係性がある。ソーシャルワークの実践では，利用者との専門的な人間関係である援助関係を築くために必要となる知識や技術，それらを利用者本位に方向づける価値について理解しておく必要がある。本章では，利用者に対して適切な援助を行うための前提となる，ソーシャルワークにおける援助関係について理解を深めておきたい。

1　ソーシャルワークにおける援助関係の意義

（1）利用者とソーシャルワーカー

　ソーシャルワークの対象は，日々の生活においてさまざまな援助を必要としている利用者である。利用者は，悩みや不安等を抱え，生活上の困難を感じている状況にある。ソーシャルワーカーは，利用者と関わり，それらの不安等を1つずつ和らげ，生活上の課題を解決し，利用者の生活の質の向上をめざす。

　利用者は，高齢者，障害者，児童，子どもをもつ親，ホームレス等，多様である。たとえば，高齢者の場合，高齢者と一括りにとらえてはならない。利用者が抱える生活上の困難は個別性が高く，望む生活も異なる。ソーシャルワーカーは，先入観等を排除したうえで，一人の利用者と向き合い，利用者の思いを傾聴，共感，受容し，現在の悩みや生活上の困難等を理解する必要がある。

　利用者はすでに生活上の解決すべき課題（ニーズ）が生じている状態にあり，ソーシャルワーカーの関わりが利用者の生活に直結し，場合によっては悪影響を及ぼす可能性を常に意識しておく必要がある。

（2）ソーシャルワークにおける援助関係

　ソーシャルワークにおける利用者との関係性は，援助関係と呼ばれる専門的な人間関係を意味する。友人との相談時の関係とは違い，利用者がこれまで経験してきた関係と異なる。ソーシャルワーカーは，利用者との間に築かれるラポール（信頼関係）を形成し，利用者との援助関係のもと，人間同士が結びつき，面接等を通した援助を行うことができる。利用者がはじめて結ぶ援助関係に戸惑わないよう，ソーシャルワーカーは初回の面接で緊張や不安を和らげる雰囲気をつくり，十分な説明と利用者に信頼される関わりが求められる。

　ソーシャルワークは，面接を通して援助を進めるという点においてカウンセリングと共通項が多い。最も援助的なカウンセリングの雰囲気をつくりだすためには，4つの明確な特性を取り上げることができる。[1] 1点目は，ラポールを生み出し，次第に深い情緒的関係へ発展させていくようなカウンセラー側における温かさと応答的態度である。2点目は，感情の自由な表現を許容し，カウンセラーがクライエントの話を受容すること，道徳的・審判的な態度をとらず面接のなかで一貫して理解ある態度を示すことにより，クライエントは一切の感情や態度を表現してよいと認識するようになる。3点目は，面接のなかの明確な行為の制限であり，たとえば，設定された基本的な時間の制限である。4点目は，あらゆる種類の圧力や強制からの自由である。カウンセラー自身の願望，個人的な反応や先入観を強制することを避ける。面接の時間はクライエントの時間であって，カウンセラーの時間ではない。これらの特質の存在により，クライエントにとってカウンセラーとの関係は，人格の成長と発達，意識的な選択，自己志向的統合にとっての肯定的な土台となり，この点で家庭や職場などにおける日常生活の一般的関係と異なるとされる。

　これらのカウンセラーという用語はソーシャルワーカーに置き換えることができ，4つの特性はソーシャルワークの面接においても重要な要素となる。

　ソーシャルワーカーは，所属する組織において利用者とエンゲージメント（契約）を交わし，上述の4つの特性等を意識しながら，信頼関係の形成に努め，専門的な人間関係のもと，面接を進めていくことになる。援助関係は，単に利用者とソーシャルワーカーの「相談する・相談される」という関係性を意味するものではない。利用者がソーシャルワーカーを信頼し，利用者が肯定的と感じられる援助関係を形成しなければならない。利用者がソーシャルワーカーを信頼できず，否定的と感じるような援助関係であれば，利用者は口を閉ざし，真の生活上の悩みや困難を語らないかもしれない。この場合，ソーシャルワークが，利用者の生活の質の向上につながらない，生活上の課題の解決にさらに多くの時間を要する等，利用者の望む生活の実現を遠ざける可能性が生じる。

　ソーシャルワーカーは，利用者の生活上の課題を解決し，快適な日々の暮らしを送りつづけるための社会資源の1つである。ソーシャルワーカーの言動，知識や技術，価値が利用者との援助関係の構築に影響する。利用者によっては，自ら相談機関等を訪れ主体的に自身のニーズを語る場合もあれば，他者から言われ受動的にソーシャルワーカーと関わるケースもある。後者の場合，ソーシャルワーカーに対して否定的な感情を抱いていたり，何も語らなかったり，利用者のニーズを聴き出すことが困難なケースがある。しかし，どのようなケースにおいても，すでに生活上の困難を抱えている利用者であり，一刻も早くそれらの解決をめざさなければならない。目の前の利用者とどのように援助関係を築き，利用者の真の思いをいかに聴き取るかが，ソーシャルワークの鍵を握る。

（3）援助関係の意義

　ソーシャルワーカーの国家資格の1つに社会福祉士がある。日本社会福祉士会の倫理綱領によると，社会福祉士は「利用者との専門的援助関係を最も大切に」するべきとある。また，IFSW（国際ソーシャルワーカー連盟）が2000年7月に採択したソーシャルワークの定義において，「ソーシャルワーク専門職は，人間の福利（ウェルビーイング）の増進を目指して，社会の変革を進め，人間関

係における問題解決を図り，人々のエンパワーメントと解放を促していく。ソーシャルワークは，人間の行動と社会システムに関する理論を利用して，人びとがその環境と相互に影響し合う接点に介入する。人権と社会正義の原理は，ソーシャルワークの拠り所とする基盤である」とされている。つまり，ソーシャルワーカーは，利用者の生活上の課題解決のために，利用者との援助関係を重視しながら，利用者を取り巻く環境との接点にも介入し援助することになる。

　利用者との援助関係を構築するためには，利用者だけをみるのではなく，常に利用者を環境のなかにいる人ととらえる必要がある。たとえば，自宅で虐待を受けている高齢者が利用者の場合，その利用者に関する情報収集だけでは，利用者を虐待行為から守ることは困難である。利用者との肯定的な援助関係の構築を前提とし，利用者の思いや，利用者がどのような住居で，誰と暮らし，どのような地域で，どのような地域住民と関わり生活しているのか等，環境のなかの利用者に関する情報を収集し分析することによって，利用者を虐待から守り，利用者が望む快適な生活を可能な限り早く実現することにつながる。

2　ソーシャルワークにおける援助関係の形成方法

（1）ソーシャルワーカーとしての態度

　ソーシャルワーカーと利用者の関係は，私的な関係ではなく，利用者が抱える生活上の課題解決をめざす専門的援助関係である。日本社会福祉士会における社会福祉士の行動規範では，「利用者との専門的援助関係についてあらかじめ利用者に説明しなければならない」「利用者との専門的援助関係とともにパートナーシップを尊重しなければならない」と定められている。では，ソーシャルワーカーが専門職として援助関係を構築し実践していくうえで，どのようなソーシャルワーカーとしての態度が必要になるのであろうか。

　ソーシャルワーカーの態度に関連して，カウンセリングにおける身体をクライエント（利用者）に向ける関わりは，5つの方法のそれぞれの頭文字を集めた SOLER に要約できる[2]。まず，S：Squarely に関して，相手と真正面に向か

い合うことは，深い関わり合いの基本的な姿勢とみなされ，その姿勢が共にいるというメッセージを利用者に伝えることである。O：Open については，腕や足を組むのは関わりたくないとか話を聞こうとしていないことを表し，開放的な姿勢は利用者やその話に心を開いていることを意味する。L：Lean に関して，身体を相手の方に心持ち乗り出すことは，私はあなたと共にいます，あなたの言うことに関心をもっていますという意味に受け取られる。E：Eye contact に関しては，利用者を前に，頻繁によそ見している自分に気づいたら，それはその人と一緒にいたくない，深く関わりたくないという心の現れであるかもしれない。利用者と視線をよく合わせることは，私はあなたと共にいますよ，あなたの言いたいことを聴きたいのですと利用者に伝えることになる。R：Relaxed に関しては，そわそわし注意散漫な表情をせず，接触や表現の伝達手段として身体を使えるようになることである。

　これらの方法を理解し，ソーシャルワーカーの身体がコミュニケーションの源泉であることを意識しておくことにより，身体はコミュニケーションの道具として利用可能となる。利用者と肯定的な援助関係を構築するために，コミュニケーションは欠かすことはできず，言葉の一つひとつはもちろん，身体の所作をコミュニケーションに用いることが重要である。ソーシャルワーカーは，存在自体がコミュニケーションの一部となり，利用者にとって援助資源の１つになっている。

　次に，利用者と結ばれるラポールの構築のための技法として，個人を尊重し個人との関わりを根幹に置くマイクロカウンセリングがある。⁽³⁾この技法の基礎として言語・非言語のコミュニケーションは，①関わり的なもの，②積極的に行動を促し問題解決に役割を果たすもの，③それらを駆使しての面接場面，面接における問題解決の形があるとされる。①には，関わり行動（相手に視線を合わせる，相手が話そうとする話題についていく言語追跡，身体言語や声の質への配慮），はいやいいえで答える閉ざされた質問，考えながら自由に答える開かれた質問，発語を促すはげまし，言い換え，発言の要約，感情の反映等があり，相手と共にあることが要求される。②には積極技法（指示，助言等），相手の発言の解釈，情報提供，自己開示，選択肢を導き出す論理的帰結等の相手をリー

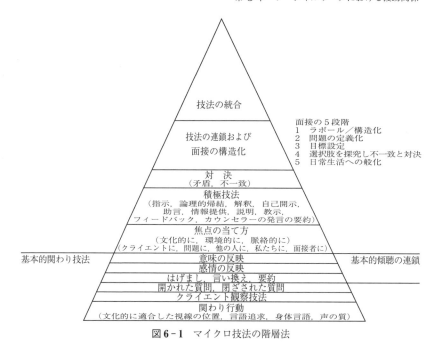

図6-1　マイクロ技法の階層法

出所：福原眞知子・アイビイ，A. E.・アイビイ，M. B.（2004）『マイクロカウンセリングの理論と実践』
　　　風間書房，18頁の図を一部改変。

ドするタイプがあり，相手の言語・非言語の矛盾をつく対決，対話のなかでの
人や事柄への焦点の当て方，相手の使用する言語の意味の反映等がある。③は
それらを駆使し，会話を構成する技法の統合がある。また，感覚を駆使しすべ
てに関わる重要な技法（クライエント観察技法）があり，これらを図式化したも
のが図6-1である。

　ソーシャルワーカーは，これらの基本的態度や技術を理解したうえで，一人
ひとりの利用者を支えるために，よりよい言葉や行動を吟味し，専門職として
の態度や関わりを積み重ね，利用者が徐々に心を開くことにより，信頼関係を
結び肯定的な援助関係の構築をめざすことが重要である。

（2）援助関係の形成における原則

　ソーシャルワークは，利用者との信頼関係のもとに展開される必要がある。

表6-1　援助関係における相互作用

クライエントのニード	ソーシャルワーカーの反応	クライエントの気づき	各原則の名称
一人の個人として迎えられたい	ワーカーは利用者のニーズを感知し，理解してそれらに適切に反応する	クライエントはワーカーの感受性を理解し，ワーカーの反応に少しずつ気づきはじめる	1　個別化
感情を表現し解放したい			2　意図的な感情表出
共感的な反応を得たい			3　統制された情緒的関与
価値ある人間として受けとめられたい			4　受容
一方的に非難されたくない			5　非審判的態度
問題解決を自分で選択し，決定したい			6　クライエントの自己決定
自分の秘密をきちんと守りたい			7　秘密保持

出所：バイステック，F. P.／尾崎新・福田俊子・原田和幸訳（2007）『ケースワークの原則——援助関係を形成する技法』誠信書房，27頁の表を一部改変。

一方，時間をかけて利用者との信頼関係が構築できた場合でも，一瞬で関係性が崩れることもあり，援助関係の形成にはソーシャルワーカーとしての行動原理が必要になる。バイステック（F. P. Biestek）は，援助関係を形成するための技法として，7つの原則を示している。[4] 具体的には，①クライエントを個人としてとらえる（個別化），②クライエントの感情表現を大切にする（意図的な感情の表出），③援助者は自分の感情を自覚して吟味する（統制された情緒的関与），④受け止める（受容），⑤クライエントを一方的に非難しない（非審判的態度），⑥クライエントの自己決定を促して尊重する（クライエントの自己決定），⑦秘密を保持して信頼感を醸成する（秘密保持）の諸原則である。これらの原則は，クライエント（利用者）だけに焦点を当てた原則ではなく，援助する側も対象にしている。ソーシャルワーカーは，表6-1のように，利用者との援助関係において相互作用しながら援助を展開する。

（3）ソーシャルワーカーの援助の構造と役割

利用者とソーシャルワーカーの関係は，日常生活における関係の構造とは大

きく異なる。利用者が援助の構造を理解するために，ソーシャルワーカーは具体的な言葉で説明し，かつ利用者が面接場面の過程を経験することにより，スムーズな理解を促す。あわせて，面接場面の明確化，利用者からの情報収集とアセスメント，利用者のストレングスの発見，利用者の見守り等の援助の各要素を構造化したうえで，全体を構成する援助構造を把握しておく必要がある。

　ソーシャルワークの援助構造においては，効果的な実践を行うための土台となる基盤が求められる。ソーシャルワークの共通基盤に関して，バートレット（H. M. Bartlett）は，知識，価値，および調整活動に関連する概念，一般化，および原則，つまり抽象的な概念から成り立っており，その基盤は実行ではなく，その実行の土台をなしているとしている。また，ソーシャルワークを構成する主要な要素が結び合わさる時，その共通基盤がどのように現れるかが，図6-2のように示されている。

　これらのソーシャルワーク実践の共通基盤をもとに，利用者の状況や生活課題に合わせて，これら以外の要素も取り入れながら，実践していくことになる。たとえば，面接の場合は，時間，場所，回数，期間，利用者やソーシャルワーカー以外の関わりが必要な場合の人数等により構成される。ソーシャルワーカーが所属する組織により，詳細の援助構造は異なるため，援助を開始する前に，全体のソーシャルワークにおける基盤や構造を理解しておくことが重要である。

　ソーシャルワーカーの役割に関して，社会福祉士及び介護福祉士法の第2条において，「社会福祉士とは，社会福祉士の名称を用いて，専門的知識及び技術をもつて，身体上若しくは精神上の障害があること又は環境上の理由により日常生活を営むのに支障がある者の福祉に関する相談に応じ，助言，指導，福祉サービスを提供する者又は医師その他の保健医療サービスを提供する者その他の関係者（中略）との連絡及び調整その他の援助を行うこと（中略）を業とする者をいう」とある。まず，相談に関しては，利用者個人だけでなく，その家族，集団，地域が対象となる。さらに，相談の結果，利用者の生活上の課題解決に向けて，ソーシャルワーカーとしての専門性を背景とした的確で効果が見込まれる助言，利用者を家族や同じ悩みを抱える人々や環境と結びつける役

中心をなす焦点

社会生活機能

生活状況に対処している人びと

社会環境からの要求と人びとの対処努力との間の均衡

志　向

状況のなかに巻き込まれている

人びとに対する第一義的関心

価値の総体　　　　　　　　　　　　　　　　　　　知識の総体

人びとに対する態度 ─────────────── 理解の仕方

調整活動レパートリー

個人，集団，社会的組織体に，直接的にまた協働活動をとおして働きかけていく

図6-2　ソーシャル・ワーク実践の共通基盤

出所：バートレット，H. M.／小松源助訳（1989）『社会福祉実践の共通基盤』ミネルヴァ書房，141頁。

割等が求められる。利用者のよき理解者として，利用者に寄り添い，利用者の生活を正しくとらえ，解決すべき課題を明確化する。ソーシャルワーカーは，それらの課題に対して，計画を立て，利用者が主体的にそれらの解決に関われるよう，利用者の背中を支え押しつづける役割が求められる。

　現在，利用者が抱える多様で複雑な生活上の課題は単純ではない。万一，所属する組織における対応が困難なケースであれば，他の組織・機関等を紹介し，その後のソーシャルワークがスムーズに進められるようなネットワーク体制を構築しておく必要がある。また，利用者のなかには，日々の生活に困難を抱えながらも，さまざまな理由により相談を求めないケースも存在する。あるいは利用者が虐待を受けているケース，飢餓に苦しんでいるケース等，状況によっては生死に関わるケースもある。その際，ソーシャルワーカーは所属する組織や機関で相談を待っていても，利用者の状況を把握することはできない。何かしら利用者に関する情報を地域住民等が入手した段階で，利用者の生活状況の

確認と改善に向け，積極的にアプローチするアウトリーチの役割も重要となる。

　利用者のニーズは個別性が高い。一方，他の利用者の多くにおいて同様の
ニーズがある場合，資本主義経済の仕組み，法律や制度とのミスマッチにより，
生きづらさを感じているケースも考えられる。その際には，憲法から社会福祉
に関するさまざまな法律等を読み解き，利用者の声なき声を代弁し，世論を喚
起し，法律や社会の仕組みを変えるソーシャルアクションの役割が求められる。

3　利用者本位のソーシャルワーク実践に向けて

（1）利用者における主体性

　ソーシャルワーカーは，利用者が自分自身の感情をしっかりともち，自分自
身の人生を生きていくように援助することが重要である。利用者が日常生活に
おいて主体性をもつことは，不可欠である。クライエント中心療法を創始した
ロジャーズ（C. R. Rogers）は，クライエントが認知し理解するままに，理解し
認知することに全注意と努力を傾けることが，個々のクライエントに価値と意
義があり，最も重要な価値とはクライエント自身であることは疑いなく，建設
的な変化とより完全で満足した人生に発展的に向かう個人の可能性を信じてい
る，と述べている。[6]

　利用者はさまざまな生活上の課題を抱え，他者の援助が必要な状態にあるが，
それらの課題を解決できる可能性も有している。日々の生活および人生の主役
は，あくまで利用者である。ソーシャルワーカーは利用者の能力と可能性を信
じ，利用者に対して肯定的関心をもち，利用者の語りに傾聴，共感，受容し，
利用者が自分の生活に主体性をもちながら課題解決に取り組んでいけるよう，
援助の終結まで利用者と共に歩み続ける必要がある。

（2）ソーシャルワーカーに求められる自己覚知

　ソーシャルワークの過程は単純ではなく，課題解決に向けて複雑な過程を経
る。ソーシャルワーカーは，慎重かつ誠実にソーシャルワークを実践する必要
がある。さもなければ，ソーシャルワーカー自身が原因となり，結果として利

用者に危害をもたらす可能性がある。利用者にとっては，単にどのような知識や技術でソーシャルワークが実践されるか（how）だけでなく，誰が自分自身に寄り添ってくれるか（who）が重要である。ソーシャルワーカーは，利用者にとって，かけがえのない援助資源の1つであることを自覚したうえで，感情や知識，技術，価値等の自身の状況について，専門職としての気づきを得るために自己覚知しつづける必要がある。

　ソーシャルワーカーは，利用者本位といいながら，自分のために悩んでいないか，自分の利益あるいは所属する組織の利益を優先していないか等を確認し，内面に流れる感情等を含めて，自分自身を知ることが求められる。また，ソーシャルワークの専門職として，利用者本位の実践を徹底するための価値を知り，利用者に対する自分自身の考え方等を十分に考え，理解しておく必要がある。ソーシャルワーカーは，自己覚知することにより，利用者に対する援助のあり方を冷静に考えることができる。

（3）利用者本位のソーシャルワークのあり方

　ソーシャルワークは誰のために行うのかとの問いかけの答えは，利用者のためである。ソーシャルワークは，カウンセリングと異なり，日々の生活という視点のもと，利用者だけでなく利用者を取り巻く環境も対象とし，その接点に介入する。ソーシャルワーカーは，利用者が現在の日常生活の何に悩み，何に苦しんでいるのかを明確化したうえで，利用者を生活の主役に位置づけながら，利用者と各環境要因との不調和を調整し，共に課題解決をめざす。

　利用者には，重度の知的障害等により自己決定が困難な人々が存在する。その際も，利用者における可能な限りの自己決定を尊重し，時には利用者の家族や友人，知人等から利用者の価値観に関する情報を徹底的に収集したうえで，利用者が望む生活を想像し，その実現をめざしていかなければならない。

　日本社会福祉士会における社会福祉士の行動規範には，利用者の利益の最優先が明記されている。利用者本位を徹底するために，ソーシャルワーカーは利用者のことをすべて把握し，利用者が抱える生活上の課題解決に向けて，今どの知識や技術を用いてソーシャルワーク実践を行うことが，最大限の利用者の

利益につながるのかを常に意識しておく必要がある。

　現在ソーシャルワーカーとして活動している人，これからソーシャルワーカーをめざす人は，さまざまな職業のなかから他者に関わる対人援助職に着目し，なかでも他者の生活に関わり幸福に導くソーシャルワーカーを選択したのではないか。日本あるいは世界には，ソーシャルワーカーの存在を知らない人が少なくない。ソーシャルワーカーによる援助が本当に役に立つのか，社会福祉の相談援助は誰でもできるのではないか，という意見も少なからずある。しかし，ソーシャルワークの知識や技術をもとに，利用者本位の価値を徹底し，利用者の生活上の課題を解決し，利用者が望む日々の快適な暮らしの実現へ向けて，併走しながら，どんな困難な状況でも前を向き，利用者の幸福へ導くことができる専門職が，ソーシャルワーカーである。

　ソーシャルワーカーは，先人が培ってきた功績を学び，自身自身を徹底的に知り，自分自身が援助資源となり，利用者の最大限の利益と幸福のために，今何ができるかを徹底して考えていくことが重要である。

注

(1)　ロジャーズ，C. R.／末武康弘・保坂亨・諸富祥彦訳（2005）『カウンセリングと心理療法——実践のための新しい概念』岩崎学術出版社，80～83頁。

(2)　イーガン，G.／鳴澤實・飯田栄訳（2002）『熟練カウンセラーをめざす　カウンセリング・テキスト』創元社，95～98頁。

(3)　福原眞知子・アイビイ，A. E.・アイビイ，M. B.（2004）『マイクロカウンセリングの理論と実践』風間書房，16～18頁。

(4)　バイステック，F. P.／尾崎新・福田俊子・原田和幸訳（2007）『ケースワークの原則——援助関係を形成する技法』誠信書房，26～29頁。

(5)　バートレット，H. M.／小松源助訳（1989）『社会福祉実践の共通基盤』ミネルヴァ書房，142頁。

(6)　ロジャーズ，C. R.／保坂亨・諸富祥彦・末武康弘訳（2005）『クライエント中心療法』岩崎学術出版社，38頁。

参考文献

公益社団法人日本社会福祉士会「倫理綱領と行動規範」（https://www.jacsw.or.jp/
　01_csw/05_rinrikoryo/index.html　2020年1月2日閲覧）。

INTERNATIONAL FEDERATION OF SOCIAL WORKERS, "GLOBAL DEFINITION
　OF SOCIAL WORK"（https://www.ifsw.org/what-is-social-work/global-definition-
　of-social-work/　2019年12月26日閲覧）。

学習課題

① あなたはソーシャルワーカーとして，どの分野でどのような生活上の課題を抱え
た利用者を援助したいですか。また，その利用者と援助関係を構築するために，今
からできる準備として何があるかを考えてみよう。

② ソーシャルワーカーの自己覚知に関して，あなたがどのような人であるか，あな
たを知る人に聞いてみよう。それらの内容は，あなたが認識している自分とどのよ
うに一致し，異なっているかを理解してみよう。

コラム　これからソーシャルワーカーをめざす人へ

　職業のなかに，他者の幸せに関わる仕事がいくつか存在します。たとえばその時どきの瞬間の幸福感を演出するエンターテイメント業，ウェディング・ブライダル業，それらは，時間軸で考えると一時的な他者の幸福追求の支援です。一方，ソーシャルワーカーの仕事は，一時的な幸福だけでなく，日々の生活を切り口とし，今だけでなく未来に向けた利用者の幸福に関わることができます。

　ソーシャルワーカーは，目の前の利用者が，何に悩み，どのような困難を抱え，これからどのような生活をめざしているのかを考え，自身を援助資源としながら，利用者を幸福へ導きます。自身を援助資源にするということは，自分だからできるソーシャルワークが存在するはずです。自身のこれまで生きてきた道を振り返り，自身の強みを活かし，弱みを軽減できるよう，先人が築いてきたソーシャルワークの理論に学び，ソーシャルワーカーとして自己研鑽していきます。

　ソーシャルワーカーは，利用者と同様それぞれ唯一無二の存在です。これから出会う利用者を前に，自身の強みを磨き，自分にしか伝えられない言葉で，利用者の幸福を支えてほしいと思います。この瞬間も，あなたの援助を必要としている利用者がどこかに存在するかもしれません。また，ソーシャルワーカーとしての活躍の場は，日本だけではありません。世界中でソーシャルワーカーが活躍しており，国際ソーシャルワーカー連盟のグローバル定義をみると，ソーシャルワーカーの国際的活躍が示唆されているといえます。

　ソーシャルワーカーは，利用者に良いインフルエンス（影響）を与え，社会に対しても良いインフルエンスを与えつづける存在でなければなりません。私たちの生活は諸行無常であり，常に変化しつづけています。現在は，新聞やテレビ等のマスメディア以外でも，SNS で言葉や写真・動画等を用い，1つ行動を起こすことができれば，気軽に情報発信できる状況にあります。今後は，考えるだけでなく，今すぐ行動できるスキルがソーシャルワーカーに求められます。

　これからソーシャルワーカーを志す人は，固定概念にとらわれず，自身の可能性，利用者の可能性を信じ，ソーシャルワーカーとして最も輝き，利用者のために最善を尽くせる環境（活躍できる場）を見つけることが重要です。

田中　康雄

第7章

ソーシャルワークで用いられる理論とアプローチ

　ソーシャルワークの理論化は，「ソーシャルワークの母」と呼ばれるリッチモンド（M. E. Richmond）による1900年代初頭の試みが端緒となる。その後，人々の生活課題の緩和・解決の一助となれるよう，専門職としてより洗練されることを求め，新たなソーシャルワーク理論が提案されてきた。あるいは，社会の"人"に対する価値変化に合わせて新たな理論が生み出されてきた。本章では，ソーシャルワーク理論が歴史的にどのように変遷してきたのか，および現在のソーシャルワーク理論についての理解を深めることを目的にする。

1　ソーシャルワーク理論の必要性と整理

（1）ソーシャルワーク理論が生まれた背景

　ソーシャルワークの理論化を最初に試みたのは，第4章でも詳しく紹介したリッチモンドである。リッチモンドは，アメリカのボルチモアの慈善組織協会において会計補佐として活動していたが，その後総主事となった。慈善組織協会はイギリスが発祥で，貧困者の状況改善を目的として「友愛訪問」を行っていたが，それがアメリカにも伝播したのであった。しかし，イギリスでは貧困は怠惰から生じるという根強い考えがあり，怠惰な意識や生活習慣を改善する，というアプローチが中心であった。

　自身も貧困家庭出身であったリッチモンドは，貧困は必ずしも怠惰な意識や生活慣習から生じるものではなく，怠惰ではなかったとしても，置かれている環境や状況によって生じるものであり，生活環境を整えることで改善されるこ

ともあると考えた。友愛訪問により，多くのケースが集積されていくなかで，生活環境を整えることで状況が改善される共通性を見出すに至った。1917年には『社会診断』，1922年には『ソーシャル・ケースワークとは何か』を出版し，そのなかで「ケースワークは，人とその社会環境との間に，個々別々に，効果が上がる様に意図された調整を行って，パーソナリティの発展をはかる過程である」と定義づけた。

（2）理論とは

　リッチモンドは，自身の生い立ちと友愛訪問で出会った多くのケースから，貧困は人が置かれた環境によっても生じるため，貧困を解決するためにはその人が置かれた環境の改善も試みる必要性があることを説いた。その課題のとらえ方を提唱したことから，ソーシャルワークの理論化に大きく貢献したと評され，「ソーシャルワークの母」と呼ばれるようになった。では，リッチモンドが試みた，ソーシャルワークの「理論化」とはどういうことであろうか。またソーシャルワークが理論化されると，われわれにとってどのような意義があるだろうか。本節では理論とは何か，また理論があると何がよいかについて取り上げたい。

　ある事実や状態について，われわれは一定程度の共通性を見出すことがある。具体的な例から考えてみよう。祖父母の代から貧困状態が継続しているＡさん，Ｂさん，Ｃさんは，高等教育を受けることを希望していたにもかかわらず，少しでも早く働き家計を助けることを親に求められたことで，満足な教育を受けることができなかった。受けた教育期間が短かったことから賃金の低い仕事にしか就くことができず，いくら働いても貧困状態から脱却することができなかった。この場合，「教育の欠如が引き起こす貧困」という共通性が抽出できよう。この見出された共通性は「概念」と呼ばれる。そして，このような共通性を含んだ類似のケースが集積されればされるほど，その共通性は補完され説得力をもつようになる。この概念の集積が一定の法則として社会に認識されると１つの「法則」として社会に受け入れられ普及していく。これが理論である。理論とは「ある事実や状態の法則を見出すこと」とも言い換えることができる。

では理論があるとソーシャルワーカーにどのような意義がもたらされるであろうか。ソーシャルワークの理論化には，少なくとも次の5つの意義が挙げられる。①その事実や状態の変更や改善を試みる手がかりを得られ，ケースの経過，結果を予測することができ，支援の「仮説」を立てることができる。②ゼロからの検討ではなくなるため，支援の模索の必要性を軽減し見立ての時間が短縮される。③秩序立ててその事実や状況を理解すること，また説明することができるようになる。④課題の緩和・解決の可能性を高める。⑤ソーシャルワーク専門職としてのアイデンティティが確立される。

（3）ソーシャルワーク理論の類型と特徴

　ソーシャルワーク理論はこれまで数多く産み出されてきた。歴史の紐を解くと，同じソーシャルワーク理論として提唱されたものでも，支持する理論の内容が対立し，ソーシャルワーカーやソーシャルワーク研究者同士が激しく相互に批判をぶつけ合うこともあった。たとえば，1940年代の診断主義と機能主義との対立がよく知られているところである。すなわち，個人の内面に着目する医学モデルを基調とした診断主義と，クライエントを病気の人，逸脱している人というとらえ方ではなく支援サービスを求める人ととらえ，ソーシャルワーカーが所属機関の機能を遂行することでクライエントとソーシャルワーカーの関係が構築され，さらに発達し，クライエントの状況に変化がもたらされるとした機能主義の相互批判が挙げられる。この他にも理論の対峙は歴史の随所にみられたり，またソーシャルワークの領域内だけではなく，「ソーシャルワークは有用なのか？」という社会からの厳しい問いにさらされたりしたこともある。

　このように内部での相互批判，また社会からの批判を受けることで，クライエントの生活課題を緩和・解決することを試みる理論を発展させ，今日まで多くの理論が生成されてきた。

　ソーシャルワーク理論の特徴の1つとして挙げられることは，1つのケースにおいて，1つの理論のみを活用するのではなく，ケースに携わる時間的な経過やその経過のなかで焦点化する課題や対象が変化することもあるため，必要

に応じて都度さまざまな理論を援用することである。そのためソーシャルワーカーには，どのタイミングでどのような理論を援用して支援に携わるかを見極める力が求められる。

2　ソーシャルワークのアプローチ

本節では，ソーシャルワークにおける代表的な理論である，エコロジカル（生態学的）アプローチ，ナラティブアプローチ，行動変容アプローチ，課題中心アプローチ，エンパワメントアプローチ，解決志向アプローチ，危機介入アプローチのそれぞれが生成された背景と概要，視点と方法についてみていく。

（1）エコロジカルアプローチ

エコロジカルアプローチは，生物と環境の相互作用を研究する学問である生態学にヒントを得て，ジャーメイン（C. Germain）とギッターマン（A. Gitterman）によって構築された理論である。

エコロジカルアプローチが提唱されるまでのソーシャルワークの理論は，人間は環境に影響されるものであることは認識されていたものの，ソーシャルワーカーが生活課題のある個人の課題の緩和・解決に取り組むとなると，個人の内面的な要因が強調されがちであった。また，環境が個人に影響を及ぼすことは認識されていたものの，個人に環境への影響力があることは十分に認識されていなかった。

ただ，ソーシャルワークが「人と環境の交互作用」の視点から，人々の生活課題をとらえることからはじまったことを考えると，個人の内面に課題の要因を見出すことに重点を置きすぎることは，本来のソーシャルワークの視点から遠のいてしまっていたともいえる。そのような状況から，本来の専門性といえる「人と環境との交互作用」から生活課題をとらえるエコロジカルアプローチが提唱された。

エコロジカルアプローチはアセスメントに力を入れるモデルである。つまり，クライエント自身の困難とクライエントを取り巻く環境を俯瞰し，課題が生じ

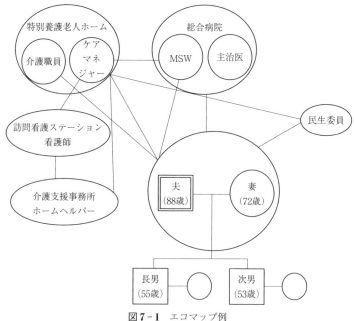

図7-1　エコマップ例

出所：筆者作成。

る源泉がどこにあるのかを分析していくアプローチである。この分析を行うために，エコマップが用いられる（図7-1）。また，エコマップからクライエントと取り巻く環境の整理後，ソーシャルワーカーは課題解決のために，人，環境，人と環境との接点に介入していく。

（2）ナラティブアプローチ

　ナラティブアプローチは，ソーシャルワーカーがクライエントを一般化したり，何かしら名称をつけ，社会に適応するよう強制的な働きかけをするなどといった，専門職のパターナリズムの反省と，本来一般化できないクライエントの個人の体験，およびクライエントの主観を大切にしたアプローチである。これは，フーコー（M. Foucault）の影響を強く受けたものであり，さまざまな物事や現実は，社会のなかで言葉によって作られていくものである，という社会構成主義の考え方を基盤としている。

このアプローチの特徴は，何かしらの生活課題が生じている時，その課題が生じるのはその人自身に問題があるとするのではなく，その「問題自体が問題である」というとらえ方をすることにある。クライエントの課題について，クライエント自身にその詳細を語ってもらい，その課題に名前をつけ，クライエント自身から切り離す。これを「外在化」と呼ぶ。なお，クライエントから発せられた自身の課題についての物語をドミナント・ストーリー（思い込みの物語）とし，ドミナント・ストーリーの代わりとなるオルタナティブ・ストーリー（代替の物語）を創造し，それを入れ替えていくことをめざす。

つまり，ドミナント・ストーリーに支配されることで凝り固まってしまった自身の物語と評価を，自身の強みや良い思い出を紡ぎ出してオルタナティブ・ストーリーを創生し，新たに発見していくものである。具体的には，以下の5つのプロセスをたどる。①ドミナント・ストーリーを傾聴する，②問題の外在化を試みる，③ドミナント・ストーリーを見直す，④ユニークな結果を発見する，⑤オルタナティブ・ストーリーを作り上げる。

なお，ドミナント・ストーリーをソーシャルワーカーが聴く際は，無知の姿勢（not knowing）をとることが求められる。

（3）行動変容アプローチ

行動変容アプローチは学習理論や行動理論に基づいて，クライエントに表出している問題となる行動の減少や問題改善につながる行動を増加することを試みるアプローチである。

古典的なソーシャルワークの一部は，フロイト（S. Freud）に影響を受けた医学モデルのものであり，人の内面の葛藤が表面上の問題を作り出しているため，人の内面に働きかけることが表出している問題を取り除く，と考えられていた。しかし1960年代以降，社会からソーシャルワークが「効果があるのか」という批判を受けるなかで，クライエントの理解をするだけではなく，行動を変える働きかけの必要性が見出された。そこで内面ではなく，表面化している観察可能な行動に焦点化し，その行動がよりよく変容することを支援の目標とするアプローチとして提唱された。

行動療法は，行動理論と学習理論，オペラント条件づけの理論を援用している。スキナー（B. F. Skinner）が命名したオペラント条件づけとは，行動したことの結果により，その行動の生起頻度が変わることである。行動した結果が行動者にとって負の影響があった場合は，その行動は抑制され，正の影響があった場合は強化される。この理論を応用して，ソーシャルワークの支援に取り入れることで，望ましくない行動を抑制したり，望ましい行動を強化する取り組みが行われている。また，社会的学習理論に基づき，他者の望ましい行動を模倣し，自身に定着させる観察学習（モデリング）も，行動変容アプローチの一環として紹介されている。

行動変容アプローチの支援の展開は，大別すると6つのプロセス，すなわち，①アセスメント（問題の明確化，明確化された問題の頻度の測定，問題の原因，環境との関連の分析），②援助計画の策定（目標設定，介入技法の選択，介入計画作成），③介入（計画に基づいた介入），④評価（設定した目標がどのくらい達成されたかの判定），⑤終結（望ましい行動の増加，もしくは望ましくない行動が減少し目標を達成できたら，強化の頻度や強さを減らすフェイディングをし，クライエントが自ら維持ができているようであれば終結），⑥追跡調査（介入を行った結果が維持されているかの検討）からなる。

（4）課題中心アプローチ

課題中心アプローチは，クライエントが解決をしたいと考えている生活課題を解決課題として設定し，計画的に，短い時間で解決をめざすアプローチである。このアプローチは，1970年代にコロンビア大学のリード（W. Reid）とエプシュタイン（L. Epstein）が2つの意図をもって開発した。1つは，短い学びの期間であったとしてもソーシャルワークの成果を発揮できるアプローチを開発すること，2つは同じソーシャルワーク支援で成果が同じであるとしたなら，時間的にもコスト的にも短い方がより優れた支援であると考え，短期で課題解決に迫るアプローチの開発であった。このように課題中心アプローチは2つの目的をもって意図的に開発された。なお，心理社会的アプローチ，問題解決アプローチ，行動変容アプローチから大きな影響を受け，これらを基盤に理論構

築がなされている。

　課題中心アプローチでは，緩和・解決しようとする課題の特定や優先づけを行うが，その際に重要なのがクライエントが主要な役割を担う，ということである。またこの際に課題解決の期限のなかで取り組むものは，3つに限定することが望ましいとされている。なお，このアプローチが提案しているクライエントとソーシャルワーカーとのセッションは6週間から8週間とされている。

　課題中心アプローチにおける解決すべき問題の選択は，以下の3点の条件に当てはまることが原則とされている。すなわち，①クライエントが認める問題であること，②クライエントが自らの努力と力で解決できることが見込まれる問題であること，③具体的な問題であることである。また先にも確認したように，短期的に課題の解決をめざすことが特徴である。

　実際の支援の手順は，①ターゲットとなる懸案事項を特定・優先づけ，②目標設定の交渉，③課題，④対応策，⑤経過のモニタリングの5ステップからなる。

（5）エンパワメントアプローチ

　エンパワメントアプローチは，ソーシャルワークのみで使用されている概念ではなく政治学・経済学などにおいても使用される用語である。ソーシャルワークの領域で使用されたのは，ソロモン（B. Solomon）が1976年に『黒人へのエンパワーメント──抑圧された地域社会におけるソーシャルワーク』を記した際である。彼女は，地域で抑圧されたことにより自身で問題を解決していく力を削がれた人々が，問題解決の主体となっていくための支援をソーシャルワークにおけるエンパワメントアプローチとした。そして人々の強み（ストレングス）が引き出され，力を削がれた状況から脱却し，自ら問題の解決ができるようになる必要性を主張した。その後，エンパワメントの概念は，アメリカの公民権運動やフェミニズム運動，障害者の権利運動などの社会運動においても使用されるようになり，一般化していった。

　エンパワメントアプローチにおいて問題となるパワーとされているのが，①自分の人生に影響を行使する力，②自己の価値を認め，それを表現する力，③

社会的な生活を維持・統制するために他者と協働する力，④公的な意思決定メカニズムに関与する力の4つである。つまり，これらが抑圧されていることにより力が削がれているとの整理がされているため，これらを獲得し，パワーレスネスに陥っている人々が，自分たちが置かれている状況の改善やそのためのパワーを獲得していく過程の経験，またそれによってもたらされる成果がエンパワメントアプローチのめざすところである。

　エンパワメント実践において，ソーシャルワーカーが抑圧された集団に取り組んでいくために「5つの焦点をもつ見方」，すなわち，①抑圧に関する歴史的な見方，②生態学的な見方，③人種・階級的な視点，④フェミニストの視点，⑤批判的な視点を維持する必要性，が指摘されている。

　また，コックス（E. O. Cox）とパーソンズ（R. J. Persons）はエンパワメントアプローチを，次の10の構成要素に整理している。①クライエント自身による問題の定義を採用する，②クライエントの「強さ」を見極め，これを強化する，③クライエントがもつ階級や権力に関する意識を高める，④エンパワメントを志向する関係において，クライエントが自分の力を自覚できるような経験を促す，⑤クライエントを変化の過程に巻き込む，⑥共同，信頼，権限の共有に基づく援助関係を基盤にする，⑦集団化された行動を利用する，⑧相互支援やセルフヘルプのネットワークやグループを活用する，⑨特効性のあるスキル（たとえば問題解決技法，SST）の習得を促す，⑩社会資源を動員し，クライエントのための権利擁護を行う。

（6）解決志向アプローチ

　解決志向アプローチは，1980年代にシェイザー（S. D. Shazer）とバーグ（I. K. Berg）らが提唱した短期療法である。問題の解決策とその問題自身は，関連性があるとは限らないことを強調していることが特徴である。つまり，過去を重視しない，現在・未来志向のアプローチである。また，問題がどのように生成され継続しているのかをクライエント自身が考え，意識し，解決策の構築に携わっていくことが望ましいとされている。さらに，クライエント自身が望む問題解決の結果を重視し，問題解決の権限や主導権をもち，自身の知識を活用

していくことについて意欲がある場合には，比較的短期間に問題に変化が生じるとしている。

解決志向アプローチの支援の視点は，クライエント自身がこれからめざす自身の像や，クライエントがもつ問題の解決のイメージに着目し，問題が解決した状態を実現することによってクライエントの社会的機能を高めること，つまりエンパワーすることにある。より具体的には，ソーシャルワーカーがクライエントに対してさまざまな質問をすることで，クライエントが明るい未来を志向できるようになることをめざす。

クライエントに将来について考えてもらい，解決策を特定させるための4つの質問例が，リプチック（E. Lipchik）らによって提案されている。すなわち，①問題が解決したと判断する基準は何か，②問題が解決されたら何が変わるか，③どのような兆候が現れたらソーシャルワーカーとの面接はもう必要ないと考えるか，④どのような兆候が現れたらこの状態に関係する人々の行動，嗜好，感情が変化したと考えるかの4つである。

また，アセスメント，目標策定と介入の過程において，クライエントを目標へと導き，クライエント自ら解決策を考えるように用いる4つの質問が提唱されている。すなわち，①スケーリング・クエスチョン（どのように状況を変えることができるか，望ましい状況に到達するためには何を変える必要があるかを想起させる質問），②コーピング・クエスチョン（クライエントが過去に問題に対処する際に利用したことのある資源やストレングスに気づかせる質問），③エクセプション・クエスチョン（問題への焦点を弱めることを目的とした質問），④ミラクル・クエスチョン（問題がすべて解決した場合の気持ちやどのように生活するかの想像を促す質問）である。

（7）危機介入アプローチ

危機介入アプローチは，予防精神医学として発展してきた理論であり，災害や戦争などの人々が危機にさらされ，混乱状態に陥ることに対する研究からはじまった。かねてより対人援助職の間において人々の危機状況への介入に対する関心は高かったが，体系立てた理論構築が意識されだしたのは1950年代から

表7-1　危機モデルの段階

第1段階	第2段階	第3段階	第4段階	第5段階	第6段階	第7段階
衝　撃	現実認知	防衛的・退行・不均衡状態	回復への期待・取引	悲嘆・抑うつ	受容・承認	適　応

出所：川村隆彦（2011）『ソーシャルワーカーの力量を高める理論・アプローチ』中央法規出版，101頁。

である。リンデマン（E. Lindemann）とキャプラン（G. Caplan）らによって個人家族が危機状況に置かれた時に示す反応の特性やそこからの回復過程におけるパターンを分析し，それに基づき展開される支援の理論化が試みられた。

　危機介入アプローチは，トラウマ的な出来事によって一時的に生じたストレス，行動や認知の歪みといった心の状態を，できるだけ早急に介入し軽減することを重視したアプローチである。

　危機介入理論の基本的な枠組みは，大別すると次の5つから構成されている。①危機とは，個人や家族が自身の対処機制で対処できない困難な課題に対して不均衡状態になった場合である。またその危機は予期し得るものと予期し得ないものとに分けられる。②危機状況においては不安・緊張・敵意・罪意識・恥辱・抑うつといった負の感情を伴った情緒的反応や認知上の混乱がもたらされる。しかしこれらは病的な症状とみなすべきではない。③危機は1つの転換点となるが，長期間継続するものではなく，一般的には4週間から6週間程度で再均衡状態に回復する。この期間は個人もしくは家族は支援を求める気持ちが高まり，またわずかな支援で危機を乗り越える支援をすることが可能である。④危機は一定段階を経過する（表7-1）。それぞれの段階を経験し，段階ごとに要請される危機介入を果たしていくことが危機を有効に乗り切っていくために必要である。⑤危機の結果は多くの要因によって決定づけられるが，一番重要なのは危機が生じる前のパーソナリティや精神病理などの先行要因や困難の性質ではなく，④の点とともに，現在の状況において個人もしくは家族に与えられる集団所属と社会的支持である。

　支援の原則として，危機状況に置かれた個人や家族が必要とするサービスへのアクセスが容易となるような体制を構築しておくこと，また当面の危機状況

表7-2　各方法論のポイント

方法論	ポイント
エコロジカルアプローチ	人と環境の交互作用の視点から課題をとらえ，課題発生の源泉を分析する。
ナラティブアプローチ	人がもつトラウマティックな経験をストーリー化し，問題を外在化しクライエント自身から切り離すことを試みる。
行動変容アプローチ	オペラント条件づけの学習理論を基礎として，クライエントの問題となる行動を和らげたり強化することにより，問題行動が変容することをめざす。
課題中心アプローチ	クライエントが解決をしたいと考えている生活課題を自身で解決課題として設定し，援助に要する期間を早い段階から定め，計画的に，短い時間で解決をめざす。
エンパワメントアプローチ	人がもつ力を引き出し，現在の課題，また今後に起こり得る生活課題を自身の力で緩和・解決できるよう働きかける。
解決志向アプローチ	問題の解決策とその問題自身は，関連性があるとは限らないとして，過去を重視せず，現在・未来志向の視点から，課題解決に取り組む。クライエントがもつ解決のイメージを尊重し，社会的機能を高めることを目標とする。
危機介入アプローチ	トラウマ的な出来事によって一時的に生じたストレス，行動や認知の歪みといった心の状態を，できるだけ早急に介入し軽減することを重視している。

出所：筆者作成。

を脱することに目標を限定して，対決，焦点付け，支持，予期指導といった技法を用い，また同行支援によって社会資源の活用を支援することである。

注

(1) Lee, J. A. B. (1994) *The Empowerment Approach to Social Work Practice*, Columbia University Press.

参考文献

荒井浩道（2014）『ナラティヴ・ソーシャルワーク――支援しない支援の方法』新泉社。

ヘプワース，D. H. ほか／武田信子監修（2015）『ダイレクト・ソーシャルワークハンドブック』明石書店。

久保紘章・副田あけみ編著（2005）『ソーシャルワークの実践モデル——心理社会的アプローチからナラティヴまで』川島書店。

グティエーレス，L. M.・パーソンズ，R. J.・コックス，E. O.／小松源助監訳（2000）『ソーシャルワーク実践におけるエンパワーメント——その理論と実際の論考集』相川書房。

小倉襄二・小松源助・高島進編（1993）『社会福祉の基礎知識（新装）』有斐閣，172頁。

学習課題

①　なぜソーシャルワーク理論が改訂されたり，新しく提案されたりするのかを考えてみましょう。

②　この章で紹介されている各理論はどのような場面で援用できるかを、具体的な事例から考えてみましょう。

コラム　ソーシャルワークの理論と実践

　ソーシャルワーク実践において，よく耳にするのが，「ソーシャルワーク理論は勉強したけれど，実践においてどのように使っていいかわからない」ということです。確かに，本章においてもさまざまな理論が紹介されましたが，どれもわかったような感じはするけれど，いざ使ってみようと思うとその具体的な方法がわからないというのが現実でしょう。これには2つの理由があると考えます。1つは，テキストの記載のみからの学びでその理論を実践に活用しようとするためです。テキストに記載されていることは，いわば理論の紹介とその骨組みの部分でしかなく，実践できるようになるまでの情報を記載していません。したがって，テキストの情報のみから実践をしていこうとすると無理が生じます。ソーシャルワーク理論を実践で活用するためには，それぞれの理論の一つひとつの段階を具体的に理解し，身につけていかなければなりません。また，きちんと使えるようになるには一定程度のトレーニングも必要となるでしょう。そのような手続きをとばしては，実践に使用できるようにはなりません。○○理論の内容は理解した，というところで学びを終えてしまわず，○○理論を実際に実践で使えるようになることを目標に，継続して学ぶことが必要となります。もう1つの理由は，「1つのケースには1つの理論を用いて対応する」という誤解があることです。このような誤解は，おそらく，医学モデルがそうであることが多いためにもたらされているのではないかと考えます。つまり，医師が1つの疾患に対して，治療法を選択する場合，1つのものを試行し，それで効果がなければ別の治療法を試す，というイメージが関係しているのではないでしょうか。しかし，ソーシャルワーク実践においては，1つのケースに対して，必要に応じて，複数の理論を並行して使用していくことがあるし，むしろそれが一般的です。たとえば，エコロジカルアプローチでクライエントの状況の把握と理解をし，危機的な状況に置かれているのであれば危機介入アプローチで危機状態を脱却する支援をし，その危機状況を何度も経験していることでトラウマ的な記憶があればナラティブアプローチで本人のなかの本人の物語を書き換える支援をしていく，といった具合です。

　ソーシャルワーク理論を用いた支援は，いわゆる「根拠のある支援」につながります。「なぜこのクライエントの支援にこの方法を選択したのか」ということを明確に示していくためにも，意識的な理論の活用は重要です。そしてその積み重ねが，ソーシャルワーカーとしての確固たるアイデンティティを確立していくためにも必要と考えます。

木下　大生

第8章

ソーシャルワークの展開過程

　ソーシャルワークの現場では，さまざまなニーズを抱えたクライエントやその家族と出逢う。そして，制度やサービスも含めたあらゆる社会資源を総動員して多様な支援方法を検討し，クライエントにとってより適切な方法を見出し，チーム対応を行っていく。このような展開過程では，ミクロレベルを基本としつつ，同時にメゾ・マクロレベルへの働きかけを意識的に行いながら実践が進められる。本章では，ソーシャルワークの展開過程の各段階の概要を学び，ソーシャルワーカーとしての共通基盤の理解を深めてほしい。

1　ソーシャルワークの展開過程とは

（1）なぜソーシャルワークの展開過程を学ぶのか

　さまざまな相談機関や入所・通所の施設等において，児童から高齢者まで多様なクライエント（利用者／対象者）に対して，相談援助が行われるが，一見するとそれらは異なる対応に思われるかもしれない。機関・施設等の担っている役割によってクライエントの属性，取り扱う制度やサービスなども異なる。たとえば，生活困窮者を対象とした生活困窮者自立支援相談窓口と，高齢者を対象とした特別養護老人ホームで行われている相談援助業務では，対象も方法も全く違うイメージをもつかもしれない。また，同じ児童家庭福祉領域であっても，児童相談所と放課後等デイサービスでの相談援助業務の方法は異なる。しかし，このような機関・施設等で働く専門職は皆，同じように「ソーシャルワーカー」と呼ばれる。なぜだろうか。

　「ケースワークの母」として知られるリッチモンド（M. E. Richmond）は，ソーシャル・ケースワークを「人間とその社会環境との間を，個々に応じて意識的に調整することにより，パーソナリティの発達をはかるさまざまな過程からなるものである」と定義している。つまり，ソーシャルワークは経験則や道徳的判断に頼るのではなく，科学的・合理的な方法や技術をもって取り組まれる必要がある。なぜなら，ソーシャルワーカーの性質を規定するのは，所属している機関・施設等が「どこか」ではなく，ソーシャルワーカーとして「何をするのか」が重視される専門性だからである。そしてその専門性の1つが展開過程をふまえた援助実践にある。どのような所属先であっても，クライエントがいかに多様であっても，ソーシャルワーカーとして行うべき基本的な目的や機能がこの展開過程には含まれている。そのため，展開過程を学ぶことは，ソーシャルワーカーとしての共通基盤を学ぶこととも言い換えることができる。

（2）ソーシャルワークの展開過程の概要

　援助過程は一般的に，インテーク（受理面接）→アセスメント（事前評価）→プランニング（支援計画の策定）→インターベンション（支援の実施・介入）→モニタリング（経過観察）→エバリュエーション（事後評価）→ターミネーション（終結）といった，ソーシャルワーカーがクライエントと協働して展開する流れを示す。ここではわかりやすくするために→で示したが，これは一直線に展開するものではなく，日々変化するクライエントの状況や援助の結果生じる変化などにも注視しながら，螺旋状に，または円環的に進行する。さらにこれらの過程は順序通りに進むわけではなく，1回の面接で複数の段階を行うこともある（図8-1）。

2　出逢いからプランニング

　それではこれから，ソーシャルワークの展開過程の理解をさらに深めるため，展開過程の最初期，出逢いからプランニング（支援計画の策定）までの各段階について概要をみていこう。

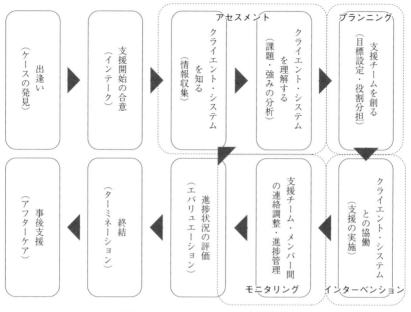

図8-1　ソーシャルワークの展開過程

出所：筆者作成。

（1）出逢い（ケースの発見）

　クライエントとは，たとえば貧困状態にあったり，ジェンダー，戸籍や国籍，年齢に関して，あるいはひとり親家庭であったり，就労，傷病や障害，各種虐待，不登校やいじめ，犯罪被害・加害，権利侵害などのような部分で，「生活上何らかの困難を抱えた人」ということができるだろう。そして，クライエントがソーシャルワーカーの援助対象となった時，「ケース（事例）」と呼ばれる。「困っている」と自覚している人は，相談機関等を自ら探し，窓口へ訪れることができるかもしれない。しかし，クライエントは「自分は困難を抱えている」と自覚している人ばかりではないし，能動的に動ける人ばかりでもない。困難なことが多すぎて身動きがとれなくなる場合や，「どうせ誰も助けてくれない」と諦めている人もいる。第三者によって紹介され，しぶしぶ相談機関に訪れる人もいれば，制度やサービスを利用することに対して「施しを受ける」といったネガティブな印象をもつ人もいるだろう。このような人々を「インボ

ランタリーなクライエント」といい，自発的な動機がない／弱いことによって，援助を開始するうえで重要な信頼関係の構築にも困難が伴い，援助を展開していくためのスタートラインにも立てない場合がある。

　ソーシャルワーカーはこのような人に出逢った時，クライエントの強みや資源に着目したストレングス視点を基盤とし，「自分のことを最もよく理解をしている専門家はクライエント自身である」という認識に立ち，「あなたのことをぜひ教えてください」と「無知の姿勢」に立ち，ポジティブで共感的な問いかけを続けることにより，安堵感や自尊感情の保持につながり，クライエントの不信感や不安感を弱める効果がある。

　さらに，ソーシャルワーカーがクライエントの家族や近隣者・関係者から紹介され，アウトリーチを行うことでクライエントと出逢うこともある。紹介者は，時に「問題がある」「困った」人としてクライエントを紹介するかもしれないが，ソーシャルワーカーはできるだけ先入観を排し，クライエント自身が「問題を抱えている」「困っている」人であるといった視点をもって接していくことが肝要であろう。

　さらに近年の動向としては，電話やメール，SNS（ソーシャル・ネットワーク・サービス）を活用した相談窓口も多様化してきている。いずれも，顔が見えず，匿名性を保持できることや，気軽に行えることで相談に対するハードルが下がり，「話を聴いてほしい」というクライエントの想いを満たすことはできる。しかし，具体的な問題解決につなげていくには困難な場合が多い。なぜなら，ソーシャルワーカーがクライエントと関係を築くうえで重視する表情や態度，声のトーンなどの非言語コミュニケーションを読み取ることが困難となり，また，匿名性によって持続的に信頼関係を構築することが難しい。これらのツールを用いて出逢う場合でも継続的な相談援助関係を築いていく必要があると判断されるのであれば，可能な限り対面での相談援助につなげていくことが望ましいだろう。

　このようにソーシャルワーカーとクライエントの出逢いは一様ではないが，どのような出逢い方であっても，クライエントに肯定的な関心を寄せ，強みを見出す姿勢や，モチベーションを高める努力が必要である。また，クライエン

トとの出逢いを創出していくためには，ソーシャルワーカー自身の努力だけでは限界がある。所属組織の理解，他機関や地域住民等との日常的なつながりがケースの発見には欠かすことができない。

（2）インテーク（受理面接）

　この段階は，クライエントが自分の抱えている問題や困難な状況の解決を求め，相談を開始すると同時に，クライエント自身が何を相談したいのか，何を解決したいのかを整理する段階でもある。

　このようなクライエントの想いや願いを主訴といい，ソーシャルワーカーと共有することによって，これからはじまる援助過程のスタートラインに立つことができる。この段階で特に重要なことは，ラポール（信頼関係）の形成，緊急度合いの検討，そして，ソーシャルワーカーの所属機関・施設の役割や機能の説明と照会（リファー）である。

　まずラポールの形成は，今後の援助過程においてソーシャルワーカーが伴走者としてクライエントに承認されるかどうかの重要な基盤づくりである。クライエントが抱える悩みや不安，問題となる事象が，本人や家族の心身に関わることや金銭面などのよりプライベートな内容になればなるほど，他者に相談することそのもののハードルは高くなる。さらに残念ながらソーシャルワーカーは医師や弁護士のような一般的に認知されている仕事と比べて，職務内容がイメージしにくい。何者かがわからない相手に相談することに抵抗を感じることは自然な反応だろう。さらには，相談することによって本当に解決できるのか，という漠然とした不安も感じやすい。そのため，特にインテーク場面ではバイステックの7原則に立ち返ってクライエントと向き合うことが求められる。しかしここで留意したいのは，ソーシャルワーカーの仕事の目的（ゴール）は「ラポールを形成すること」ではない点である。ラポールの形成はこれからの援助過程にとって欠かすことができない基盤ではあるが，それはクライエントが抱える悩みや不安，問題となる事象を解決するために必要だからである。何のためにラポールを形成するのかを見誤ると，良好な援助関係が築けないばかりか，問題がより複雑化・長期化・悪化し，クライエントに不利益をもたらす

危険性さえある。

　2つ目に緊急度合いの検討がある。これは，医療現場におけるトリアージを
イメージすると理解しやすいかもしれない。トリアージとは，もともとフラン
ス語の triage（選別）からきており，大規模災害などで医療のニーズと供給に
大きな不均衡が生じた際，治療の優先順位を決定するための選別を行うことを
指す。つまり，これから援助過程を歩むなかでゆっくり話を聴きながら問題解
決をめざすのか，すぐに対応しなければクライエントやその周辺の人々の生命
や生活に重大な事態が生じる危険性が高いのか，といった判断をインテーク段
階で行う必要がある。特に児童相談所や地域包括支援センター，さらに病院な
どでは虐待や自殺企図などの事案に直面する可能性が高く，より迅速な判断が
求められるだろう。

　さらに3つ目として，当該所属機関等のソーシャルワーカーがクライエント
の提示する主訴に対応することが妥当なのかについても判断しなければならな
い。力になりたい気持ちがあっても，当該所属機関等には越権行為になる場合
もあるし，適切に伴走できない場合もある。やるべきこと／できることと，や
るべきでないこと／できないことへの理解，さらにクライエントに対してその
役割や機能，限界について説明する責任がソーシャルワーカー自身に求められ
る。そして，もし当該所属機関等の役割や機能，ソーシャルワーカーの業務の
範囲を大きく超えている場合には，より適切な相談先として他の機関等を照会
することも重要な業務である。この時，クライエントが「たらい回しにされて
いる」と感じたり徒労感を感じたりしないよう配慮することも大切である。

　このようにインテークの段階で，クライエントとソーシャルワーカー，相互
の意思や役割を確認することはその後の支援を進めていくうえでも大切な段階
となる。

（3）アセスメント（事前評価）

　この段階は，「見立て」ともいわれるが，クライエント・システムを的確に
把握し，支援計画の策定に必要な情報を収集・整理し，クライエント・システ
ムを適切に理解するために課題・強みの分析をする重要な段階である。

　インテークの段階で得られた主訴は，そのままソーシャルワーカーが伴走して解決をめざすものであるとは限らない。なぜならクライエントの主訴はクライエントの希望であり要求である。ソーシャルワーカーが行うべきは，クライエントの希望を叶えたり要求に100％応じることではない。極論をいえば「死にたい」と自殺企図を示すクライエントにいわれるがままソーシャルワーカーがそれに加担することはあってはならない。クライエントが発信する希望や要求を丁寧に傾聴しつつ，「なぜそのような希望・要求に至るのか」と，その背後にある課題を整理する。そしてクライエントと環境との相互作用に着目しながら必要な情報を収集し，クライエント内外の社会資源をどのように活用していくかを考える。必要であれば社会資源の発掘・開発まで視野に入れながら，状況把握に努めることが重要である。そうして当該所属機関等やソーシャルワーカーによる専門的援助の必要性（ニーズ）が見出されれば，その援助対象としてその後の援助過程を進めていくことになる。

　ここで収集する情報は，クライエントの抱える問題や課題のみならず，本人の希望や要求，置かれている環境，文化的背景，現段階で活用されている社会資源（制度やサービス，専門職や近隣住民などを含む），家族関係など多岐にわたる。さらに，本人の経験や知識，特性を十分に活かせているか，利用できるにもかかわらず活用されていない制度やサービスがないかなどの情報も収集・整理し，援助の方向性を見定める。

　ここで大切なことが2つある。まずは問題・課題のみに着目するのではなく，クライエントのストレングス（強み・長所）も把握する。クライエントのできていること，好きなこと，主体的に取り組めることへ焦点を当てることで，クライエント・システムをより深く理解することができ，かつ，前向きな計画策定に寄与する。ストレングスの把握に焦点を当てた質問や反応を行うことによって，クライエントが自身のストレングスを自覚することができ，エンパワメントにもつながる。そしてもう1つは，ソーシャルワーカーはあくまでも「必要な」情報を収集するのであり，援助過程に不必要な情報収集は行ってはならない，ということである。個人情報は不用意に収集することは好ましくない。何のためにその情報が必要なのか，ソーシャルワーカー自身が自覚的にな

ることが求められるだろう。

　アセスメントがどのような視点に立って行われるかは，この後の援助展開に
も大きく影響を及ぼす。ソーシャルワーカーは先入観を排し，丁寧かつ的確に
行う必要がある。また，一度の面談などでは得られない情報もある。「なぜ得
られないのか」を考えることも問題解決の糸口にもなり得る貴重な情報である。

（4）プランニング（支援計画の策定）

　クライエントのニーズを基に長期目標を立て，その目標に向けて実現可能な
短期目標を設定することをプランニングという。プランニングは，クライエン
トとソーシャルワーカーの二者間で行うというよりも，クライエントを中心と
した関係機関・関係者と共にオーダーメイドの「チーム」で取り組んでいく。
プランニングは，複数の関係者が各自の専門性を発揮し，互いの専門性を信頼
し，誰が・誰に・何を・いつ・どのように行うのかを明確にする過程である。
そのため，クライエントもチームの一員としてこの場に同席していることが望
ましい。なぜならクライエント自身が権利主体（オーナー）であり，そこに関
わる事柄がどのような内容であれ，できる限り本人が把握し，自己決定できる
機会は大切である。さらに同席することにより，クライエント自身の意見を反
映したり，その場で合意を得ることが可能となる。クライエント自身がチー
ム・メンバーそれぞれの役割を理解することによって，一人で問題に立ち向か
わなくてよいことを実感することができ，間違った認識をすることを最小限に
食い止めることができるといった効果もある。

　目標設定を行う場合には，このチームがどこをめざしているのかを共通認識
することが重要である。長期目標は登山でいえば頂上にあたる。山が高ければ
高いほど，短期目標が大切になる。スモールステップを設定することで，各
チーム・メンバーが見通しをもって取り組むことができる。さらに，進捗状況
を客観的に確認したり，達成状況を共有しやすくなる。また，目標が達成でき
なかった場合も「どのような点に問題があったのか」「どこに無理があったの
か」などを，誰かを責めるのではなく，共に確認するなかでよりよい援助体制
への見直しを行うことも可能となる。

3　インターベンションからアフターケア

　前節までで計画されたことを基に，本節では援助の実施段階から終結後のアフターケアまでを概観する。

（1）インターベンション（支援の実施・介入）

　役割分担が決まれば，次にクライエントと協働したインターベンション（支援の実施・介入）の段階となる。これは，クライエント自身が問題解決に取り組むために行われる過程であり，クライエント・システムを活用していくことが求められるが，ここで重要なことはクライエントのために支援してあげる，またはクライエントに対して介入するのではなく，あくまでも，ソーシャルワーカーはクライエントと共に協働していくということである。あらゆる社会資源の活性化を促進することがこの段階には大切であり，個と環境との相互作用に着目するソーシャルワーカーであるからこそ可能になるだろう。

　さらに，あらゆる制度やサービス等を活用してもなおクライエントが必要としている社会資源にアクセスできない，または活用できない場合には，アクセシビリティを高めることや新たな社会資源を創出することを同時に検討していくことも，ソーシャルワーカーにとって重要な役割の1つである。このようなミクロレベルでの権利擁護（アドボカシー）や社会的活動（ソーシャルアクション）の積み重ねはその延長線上にある社会変革や社会開発を行うといったマクロレベルの実践にも通じていく。

（2）モニタリング（経過観察）

　この段階は，インターベンションと同時並行で行われることが多い。計画に基づいて各関係者の援助が実施されているか，特にクライエント自身が行う取り組みがどのように進んでいるかを確認することが求められる。さまざまな関係者がチームで関与することによって，クライエント自身の心境やクライエントを取り巻く環境に変化がもたらされる。それにより好転する場合もあれば，

時に悪化してしまうこともある。また，援助の実施段階において，策定した計画に思わぬ弊害が立ちはだかることもあるだろう。そのような場合には，改めてチーム・メンバーを招集し，再アセスメント（援助の進捗状況の確認や，新たな情報の整理など）を行い，必要に応じて計画の見直し・修正を行うことも検討しなければならない。

　この段階ではソーシャルワーカーが直接クライエントと協働するだけでなく，チーム・メンバーが滞りなく役割を発揮できているか，困難なことに直面していないかを確認するなど，「援助者を援助する」役割を担うために定期的に連絡・調整を行うこともある。進捗状況を確認することで，クライエント自身の心境の変化やその環境の変化にも対応でき，チーム・メンバーが「何かあれば些細なことでもソーシャルワーカーと共有しよう／連絡を取ってよいのだ」と感じ，良い意味で力を抜いて役割を発揮することができるかもしれない。また，ソーシャルワーカーとしても各関係者の動きを把握することによってクライエント・システム全体を俯瞰して見守ることができるようになり，手の届いていない箇所はないか，さらに改善すべきところはないか，臨時のケース会議を行うべきかといった客観的な視点をもつことに役立つだろう。

（3）エバリュエーション（事後評価）

　クライエントを含めたチーム・メンバーはこのようにアセスメントからモニタリングの過程を繰り返しながら，長期目標を達成していく。冒頭にも述べたように，この繰り返しは単にその場をグルグルと旋回しているわけではなく，螺旋状に少しずつ頂上をめざしている。そのため，着実に前進していることを確かめるためにも，その実践によって成果を得ることができたか，支援計画が妥当であったか，またクライエントにとって望ましい成果が得られているかなど，評価／効果測定を行うことが求められる。これは，個別支援としてクライエントに対して行われると同時に，所属機関等に対して，さらに地域や社会に対しても，専門職としてソーシャルワーカーが機能したことによってどのような効果をもたらすことができたのかを示すことでもあり，説明責任（アカウンタビリティ）を果たすうえでも重要である。

　この段階で長期目標の達成状況によっては，次のターミネーション（終結）に向けた準備を行っていくことになる。

（4）ターミネーション（終結）

　終結の段階に至るまでの期間はケースやクライエントが抱えている問題等によっても長短があることは否めないが，いずれにしてもいつかは終結を迎える。もちろん，1つの問題が解決されても，また新たな問題が発生する場合もあり，どの時点を終結とするかは，非常に難しい判断である。しかし，半永久的にソーシャルワーカーがクライエントの人生に寄り添うことはできないし，それはクライエントの自立を妨げるどころか，共依存関係に陥ってしまう危険性すらある。終結を迎えることは，クライエントがエンパワメントされた結果であり，自立に向かって前進している証拠でもある。しかしだからといって，クライエントにとってこれまで相談にのっていたソーシャルワーカーとの関係が何の前触れもなく中断すれば，見放されたと感じたり，終結に対する抵抗を示す場合もあるだろう。そのため，クライエントとの合意のもとで終結を迎えられるよう，この段階でも共に準備を行うことが必要になる。また転居や問題の変化がある場合には他機関へ照会（リファー）することも1つの終結方法になる。

　この段階で重要なことは，いざ終結を迎えても突然に話を聴かなくなったり改めて相談してはいけないわけではない，ということを相互確認することである。当然のことではあるが，援助関係が終結してもクライエントの人生や生活はその先も続いていく。クライエントにとってソーシャルワーカーとの関係が良好であればあるほど，「必要があればまた相談できる」という感情が，さらにクライエントが前進する後押しにもなるだろう。

（5）アフターケア（事後支援）

　終結で関係が終わりではなく，可能な範囲でアフターケア（事後支援）を行うことも大切である。アフターケアとは，もともとは疾病等の回復期にある患者等の健康管理や社会復帰のための指導などを指しているが，刑務所を出た人に対する更生指導など，幅広い活用がなされている。つまり，治療や施設入所

などで一定の援助関係にあった者が，援助の終結後も必要に応じてクライエントを引き続き見守る段階といえるだろう。「見守る」という表現の通り，たとえば医療ソーシャルワーカーは患者の退院に向けて地域で使用できる制度やサービスをつなげた後は，患者にメインで関わり続けることはしない。退院後は，たとえば自治体の生活保護ワーカーや地域包括支援センターのソーシャルワーカー，さらには社会福祉協議会のコミュニティソーシャルワーカーなどへ引き継いでいくことにより，医療ソーシャルワーカーはこれまでのクライエントとの関係性を活かしたバックアップ体制を築くことができるかもしれない。さらに自ら援助を求めることが困難なクライエントがいることもふまえ，いつでも援助関係を再開できる状態を整えておくことでもある。

注

(1)　リッチモンド，M. E.／杉本一義訳（2007）『人間の発見と形成——人生福祉学の萌芽』出版館ブック・クラブ，103頁。

参考文献

浅原千里（2017）「ソーシャルワークとケアワークの分離に至る過程——『社会福祉士法試案』から『社会福祉士及び介護福祉法』成立までの議論分析」『日本福祉大学社会福祉論集』136，39〜64頁。

岩間文雄（2015）「ソーシャルワークの展開過程についての検討」『関西福祉大学社会福祉学部研究紀要』18（2），11〜18頁。

河野高志（2013）「日本のケアマネジメント展開の課題——英米との比較を通した今後の展望の考察」『福岡県立大学人間社会学部紀要』22（1），1〜17頁。

河野高志（2015）「他分野のソーシャルワーク実践におけるケアマネジメント展開の比較」『福岡県立大学人間社会学部紀要』24（1），1〜15頁。

副田あけみ（2015）「インボランタリークライエントとのソーシャルワーク——関係形成の方法に焦点を当てた文献レビュー」『関東学院大学人文科学研究所報』39，153〜171頁。

竹森美穂（2019）「ソーシャルワーカーの現代的専門職増に関する一考察——『参加』への協働的志向」『佛教大学大学院紀要社会福祉学研究科篇』47，19〜34頁。

デュボワ，B.・マイリー，K. K.／北島英治監訳（2017）『ソーシャルワーク——人々をエンパワメントする専門職』明石書店。

学習課題

① インボランタリーなクライエントが抱える想いについて想像しよう。

② クライエントの希望・要求と専門的援助の必要性（ニーズ）の違いについて，身近な具体例を見つけよう。

③ ソーシャルワーカーがクライエントと共に協働することによって，どのような効果がもたらされるだろうか。グループで考えよう。

～～～コラム　スクールソーシャルワーカーならではの専門性～～～

　私が「ああ，これはスクールソーシャルワーカー（SSW）ならではの仕事だなあ」と実感するものに「学校支援」があります。他のソーシャルワーカーと異なるところ，SSW の独自の存在意義ともいえる部分なのではないかと思っています。代表的なものが「連携上の不具合を解く」ことです。先生方も児童福祉部門の担当者の方々も「子どもの現状を良くしたい」という思いをもって支援に臨まれているのですが，現実には連携がうまく機能していなかったり，互いに苦手意識を持っていたりすることも少なくありません。空回りで徒労感に陥ったりしています。「動いてくれない」「これだけ要望しているのに」といった声も学校から聞こえてきます。そんな時に私が SSW としてまずやることは呟かれたその言葉の意味を探ることです。なぜ「動かない」と思うのか？　そもそも「要望する」ものなのか？　そこには先生方の児童福祉部門の業務内容・限界性への誤解や知識不足からの思い込み，うまくいかなかった傷つき体験等があり，同時に児童福祉部門の方々にも学校に対して同様なことがみられます。大人たちが噛み合わないと子どもの支援が停滞してしまいますので，SSW は「教育と福祉の架け橋」として，もつれた糸を解いていきます。どこで行き違っていて，どう修正すれば連携が足し算ではなく掛け算になるのか，主に学校側の糸を解く作業を丁寧にやっていきます。このことで支援全体が飛躍的に展開しはじめたりしますので，とても重要な役割だと思っています。

　もう1つは「学校の伴走者になる」ことです。とても面倒見よく子どもを支援されている担任の先生が，ある日暗い表情をされているのに気づいたことがありました。その学校では，困難ケースを実力のある彼女に任せきりにする傾向があったのです。そこでケースを通じてしばらく先生に寄り添うことにしました。先生は，自分が行っていることが子どもにとって有効なのかどうか悩んでおられました。伴走者として意見を交わしているうちに，先生は元気になっていかれ，子どもの状態も改善していきました。報告し合える相手，分かち合える相手が必要だったのですね。先生方の口に出せない孤立感や「助けてもらえない感」を拾っていく大切さを実感しました。

　学校をさまざまな角度からサポートすることで間接的に子どもの支援を機能させていく。地味ではありますが重要な縁の下の力持ち的存在であることも SSW としての私の誇りです。

　　　　　　安永　千里（神奈川県大磯町スクールソーシャルワーカー）

第 ⑨ 章

ソーシャルワークの面接技術

　ソーシャルワーカーがクライエントに寄り添い，困難な状況を共に解決していくための技術として，重要なものの1つが面接である。面接を経てすべての援助は展開していく。面接には，クライエントと信頼関係を構築し，情報収集と問題解決に向かって協同作業を行うという目的がある。そのためにソーシャルワーカーには，面接を展開する専門技術が必要となる。本章では，ソーシャルワーカーが行う面接の意義，目的を普段の会話との違いなどから押さえ，具体的な面接の場面，構造，方法を学んでいくこととする。また面接のなかで使われる技法についても解説する。

1　面接の意義と目的

（1）面接の定義と意義

　相談面接とは，「一定の状況下において，ワーカーとクライエントが相談援助の目的をもって実施する相互作用のプロセス⁽¹⁾」と定義される。面接を成立させるためには，クライエントと目的を定め，クライエントの状態に合わせた面接形態と，条件の整った場を設定する必要がある。

　会話と援助的面接の相違点についてカデューシン（A. Kadushin & G. Kadushin）は，表9−1のようにまとめている。これによると援助的面接は，面接者と対象者という明確な役割のもと，場所や時間などを決め，その範囲のなかで行われる。また専門職の価値観や知識，技術は，社会的な礼儀（常識に基づくマナーや常識的に考えて許されるやりとり）よりも優先される。たとえば，援助という

表9-1　会話と援助的面接の相違点

会　話	面　接
1．意図的または意識的な計画，目的，目標がない	1．意図的に定義され，計画された目的または目標がある。課題志向
2．明確な言葉による明確な役割確認がない。詳しく言い換えると参加者には役割分担と義務がない	2．明確に定義された異なる役割がある（面接者と対象者）
3．時間，場所，期間，頻度に関する正式な設定はない	3．特定された場所，時間，期間，頻度
4．相互作用を決める大きな要素は，社会的期待と規範によって成立する	4．専門家がどのように相互作用を起こしていくかは，社会的な礼儀よりも優先される
5．会話のパターンは　形式ばらず，くだけた文で，ためらい，繰り返し，まわりくどいことが特徴である	5．会話のパターンは，形式的で，構造化され，系統だっている
6．コミュニケーションの流れは，バランスが取れており，双方向であり，相互的である	6．会話の流れは，対象者から面接者まで一方向である。焦点は，対象者の得になるように一方向である
7．話者は会話を開始したり，継続する義務を負わない	7．面接者は，かかわりを開始し，目的が達成されるまで継続する専門的な義務を負う
8．話者は平等な権威と権力を持っている	8．権威と権力は面接者にあり，不平等である
9．話者は似た文化背景を持っていることが多い	9．対象者はしばしば異なる文化背景を持っている
10．話者は会話の結果について説明責任はない	10．面接者は，対象者に対し，面接の結果について説明責任がある

出所：Kadushin, A. & Kadushin, G. (1997) *The Social Work Interview : 4th editon*, Columbia University Press, p. 10 より堤裕美子・佐藤佳子訳。

名目で，一般的には初対面の人に聞かないような心身の状態，家族関係，経済状況などプライベートなことも聞くのである。そして形式的に決められた質問や枠組みのなかで行われ，これは援助の目的が達成されるまで続けられる。面接者には面接を遂行する義務と説明責任があるとされている。

（2）面接の目的

　面接の目的は，①援助関係の形成，②情報収集，③直接的援助の提供（問題解決）に大別される。これらは，援助の進捗状況によって，主な目的となるも

のは変化し，同時進行で行われる。援助の前半では，情報収集や援助関係の形成，後半には，直接的援助の提供により，問題解決や精神的支援に重点が置かれる。明確な目的をもって行われない面接では，情報収集に終始してしまったり，利用者の話を聞くだけになってしまう。援助のプロセスにおける面接の目的を意識して進めていくことが大切である。

① 援助関係の形成

バイステック（F. P. Biestek）は，「援助関係とは，ケースワーカーとクライエントとのあいだで生まれる態度と感情による力動的な相互作用である。そして，この援助関係は，クライエントが彼と環境とのあいだにより良い適応を実現してゆく過程を援助する目的をもっている[4]」と定義している。言い換えれば，ソーシャルワーカーは，ソーシャルワーカーの価値と倫理に基づいて，専門的かつ意図的にコミュニケーション技術を活用し，相互作用を起こし，援助関係を形成する。援助には援助関係が不可欠であり，面接にはこの援助関係を形成し，援助過程を円滑に進めるための土台とする目的がある。

② 情報収集

情報収集では，クライエントの状態や背景，生活状況，人的・物理的・社会的環境，社会資源などを多面的に収集し，クライエントが直面している課題や状態の全体像を明らかにしていく。一般的に情報は主観的事実と客観的事実に分類される。主観的事実は，クライエントが現状や課題をどのように見，感じているかというクライエント目線の情報であり，客観的事実は，クライエントが語る情報とソーシャルワーカーが観察した情報によって，総合的に解釈される情報である。この過程でクライエントは，自分のもつ課題や状況に気づきを得，ソーシャルワーカーもクライエントへの理解を深めていく。面接中，アセスメントシートを埋めることにとらわれず，クライエント自身が語る情報に耳を傾け，目を配り，そのなかから情報収集を行うようにする。

③ 直接的援助の提供（問題解決）

対人援助における問題解決は，「クライエント自身が自分の問題について洞察を深め，新たな気づきを得ながら問題への対処能力や解決能力を高める過程といえる[5]」と岩間は述べている。直接的な援助で行うことは，ソーシャルワー

カーが介入することでも，サービスをマネジメントすることでもない。クライエントが，自身の気づきを深め，自ら主体的に援助過程に参加し，本人の問題解決能力を高めて自己決定に進んでいくことである。面接では，それを支えることに重きが置かれる。

2　面接の場面と構造

（1）面接の構造

　面接形態には，あらかじめ決められた質問項目の有無，その程度によって，構造化面接，半構造化面接，非構造化面接という枠組みがある。構造化面接は，あらかじめ決められた質問項目に沿って行われる面接で，半構造化面接はある程度の質問項目を定めておくが，会話の流れに応じ，質問を変更，追加するなど臨機応変に質問内容に変化を加えて，クライエントの自由な反応を得ることができる。非構造化面接は，質問項目を特に用意はせず，クライエントの反応に応じ，方向づけを行いながら面接を進める方法である。具体的な支援に向けて，確認すべきアセスメント項目を設定するならば，構造化面接，半構造化面接が適しており，多様なニーズを引き出すためには，半構造化面接，非構造化面接を活用する。

（2）面接の形態

　面接の形態には，表9-2のように複数の形態がある。これらの形態を用いる時には，ケースの内容，条件，状況等を考慮しながら，ソーシャルワーカーが適宜選択する。

　①　個人面接

　個人面接は，1人のクライエントに1人のソーシャルワーカーが面接する一般的な面接の形態である。相談援助における面接はほとんどがこの形態である。1対1の関係が構築しやすく，集中して面接を進めることができる。

　②　合同（家族）面接

　クライエントを含む複数の人に1人のソーシャルワーカーが面接する。情報

表9-2　面接の形態

面接形態	面接者・被面接者	特　徴
① 個人面接	クライエント1名，SW1名	・関係が構築しやすい
② 合同面接	クライエントを含む家族など複数に1名のSW	・意思疎通の難しいクライエントとその家族が同席 ・両者の関係性が面接にも影響
③ 並行面接	1つのケースで2人以上のクライエントに別々のSW	・親子，夫婦間など家庭内の面接が一般的 ・互いの面接のペースを考慮し進める
④ 協同面接	1つの面接に複数のSWや他の専門職が参加	・対象者の負担軽減が可能 ・複数の専門職の連携が重要

出所：筆者作成。

の確認や共有，家族関係の調整，分離不安が強い場合に用いられる。「複数の人」の例としては意思表示の難しい児童や障害者，認知症高齢者とその家族が同席することが想定される。家族と参加者のコミュニケーションを直接観察できる利点がある一方，家族がクライエントの意思に反した回答や方針を示していないか留意することや，逆にクライエントの発言によって家族が気づきを得る援助的な働きをすることもあるため，両者の様子は注意深く観察する。

　③　並行面接

　1つのケースにおいて，2人以上の人がそれぞれ別のソーシャルワーカーの面接を受け，それらが同時並行で進められるものをいう。親子や夫婦など家族内の並行面接が一般的である。[6]自分の担当者がいるという安心感を与えることができ，それぞれの面接を深めやすい。この形態では，双方の面接のペースを互いに考慮しながら進めていくことが必要である。ただし，ソーシャルワーカー間の関係性や相性，情報共有，目標の不一致が面接に影響することがあるので担当者を選定する時には注意が必要である。

　④　協同面接

　1つの面接に複数のソーシャルワーカーや専門職が参加するものをいう。並行面接を合同で行う場合や複雑な介入，正確な観察や事実確認等が必要になる

場合，複数のソーシャルワーカーが面接にあたる必要があると考える場合に用いられる。近年では，児童を含む虐待対応，司法面接等で，面接を最小回数に抑え，対象者の負担を軽くする目的で導入されている。複数の専門職が 1 つのケースに関わるため，多職種間の連携が重要となる。

（3）面接の条件

面接を円滑に進めるためには，空間的条件，地理的条件，時間的条件を整える必要がある。

① 空間的条件

クライエントが話しやすい条件には，クライエントが落ち着いて話ができる，秘密（会話）が漏れないこと，人の出入りや電話で中断されないなど集中できる環境であることが望ましい。

これらを満たすためには，ワーカーとクライエントが適度な距離を保つことができるテーブルと椅子，適切な明るさと室温，雑音がなく，面接室にふさわしい落ち着いた内装の面接室を確保することが理想的である。それができない場合には，仕切りなどを設置し，空間や話し声を遮る配慮をする。

② 地理的条件

継続的な面接のためには，面接室は，クライエントが定期的に通うことができる場所にあることが望ましい。来所に無理のない距離，交通アクセスが良く，障害があっても移動しやすい建物であることが条件である。それができない場合には，ソーシャルワーカーがクライエントの自宅等に出向いて面接が行われる。これを訪問面接といい，そのなかでもクライエントの生活の場（利用者の家，居室，ベッドサイド等）で行われるものを生活場面面接という。

生活場面面接は，クライエントの生活の場で行われることから本人への精神的負担が少ない面談を行うことができる。生活の場へ出向くことは，クライエントの生活実態を把握したり，変化に気がついたり，家族，近隣住民との人間関係も知ることができる。しかし，その反面，家族がいることで，話したいことが話せない，秘密を守りにくいなどのデメリットがある。施設・病院等の多床室で行う場合も同室者に面接内容が漏れないような配慮が必要である。

③　時間的条件

　面接は，日時と所要時間をソーシャルワーカー，クライエントの両者で決めて行われる。あらかじめ約束することには，クライエント自身の問題解決への動機づけがなされ，主体的な態度が助長されるメリットがある。本人の生活時間のなかで落ち着いて話すことのできる時間を聞いたうえで日時を設定するとよい。面接時間は，面接の目的，内容によって異なるが，初回以降の面接は，おおむね30分から1時間程度が一般的である。間隔は数週間ごとに行われることが効果的であるといわれている。⁽⁷⁾

3　面接の展開

　面接には，「導入→展開→終結」まで3段階の過程がある。これは1回ごとの面接にも，一連の援助に伴う面接にもある。ここでは，導入のインテーク面接場面1回分を事例とし，面接の場面と流れを確認する。援助の展開ではなく面接の展開過程であることに注目してほしい。

（1）導　入

　導入は，ソーシャルワーカーとクライエントのはじめての出会いの場である。主にソーシャルワーカーとクライエントの関係形成を行う。ソーシャルワーカーは，温かい気持ちと態度で迎え，クライエントの緊張をほぐすよう配慮する。援助の目的や範囲，ソーシャルワーカーの役割について丁寧に説明することは，援助への抵抗感や拒否感をなくすことにつながる。また秘密保持について説明を行い，メモをとる時にも一言クライエントに断り，不信感や疑問の発生を防ぐ。受容的な態度で，クライエントが抱える問題や困り感，不安を聴き，共に課題を解決したいという思いを言葉や態度で伝えることが大切である。

　2回目以降の面接では，はじめに前回の面接内容の確認，面接後，変化があったこと，今回話したい内容について提案する。導入は，その後の面接に影響を与えるものであるため，当日のクライエントの様子や体調に配慮しながら，進める。

　以下は，地域包括支援センターの社会福祉士が行ったインテーク面接の導入部分である（以下ソーシャルワーカーは「SW」，相談者は「CL」と表記する。下線部では第4節で解説する「面接の技法」が使われているので，参考にしてほしい）。

〈面接事例1：生活に不安を抱えた70代の女性が来所した。〉

CL　あ，電話した鈴木です（不安げな表情で入ってくる）。

SW　こんにちは。お待ちしてました。山田です。どうぞ（奥の部屋へ促す）。
　　どうぞおかけください。部屋の温度いかがですか？　今日はずいぶん暖かいですが，部屋のなかは少し冷えますから。

CL　大丈夫です。

SW　（SWも着席して）この度はお電話ありがとうございました。

CL　民生委員の方に勧められて。相談にのってくれるって聞いたから……。

SW　ええ。生活のご不安ということでしたね。★1

CL　はい。

SW　今日は，もう少し詳しくお話を伺って，私どもにお手伝いできることを一緒に考えさせていただきたいと思っています。

CL　ありがとう……（沈黙）。もう心配で……（うつむいて沈黙が続く）。

SW　少しずつで構いませんので，お話しください。

CL　そうね，せっかくきたし。私も自分がわからなくなったりするのかな。

SW　そういうことが最近あるということですか？

CL　ない，ない！　ないよ！　だけどね，私ひとりだから。子どもいないし，親戚もいないのよ。わからなくなったらどうすればいいかと思って（泣き出しそうな様子で）！

SW　そうでしたか，失礼しました。「どうすればいいか」というのは具体的にどういったことでしょうか？★2

CL　サークルで一緒の人がね，最近変だなとは思ってたのよ。話がかみ合わないんだもの。

SW　ええ。

CL　そしたらね，物忘れの病気がはじまってたみたいで。やっぱりなって思った。そしたらね，私ふっと何してたかわからなくなった時があったのよ。ボーっとしてたのかもしれないし，考え事してた気もするし。そしたらね，急に心配になって。私ひとりでしょ。何かあっても誰もきてくれない。どうしたらいいかと思って。

> SW　（深いうなずき）お仲間の方が認知症になられたことと鈴木さん自身のきっか
> 　　　けもあって，ご心配になったんですね。★3
> CL　そう，そうなの。私みたいのはどうすればいいの……。

（2）展開と進展

　導入で，クライエントのニーズ把握や置かれている状況について受容，共感的理解をしたところで，次の段階へと進んでいく。

　1回の面接のなかでは，その回の面接の中核となる話題に進み，クライエントの語りに理解を深める段階になる。一連の援助の過程では，初期であれば，基礎情報の収集，ニーズをさらに深めること，援助目標の設定や具体的な援助のプランニングなどが行われる。援助開始後は，意思確認や必要な決定，プランの見直し，評価が行われる。援助が進行中の面接の役割は，クライエントの精神面と自己決定を支えることである。援助によって生活や状況が変化し，クライエントの感情や状況にも影響するためである。援助に焦点を置くのではなく，クライエントを受容し，共感的態度で傾聴することに加え，支持，明確化，感情の反射，焦点化などの技術を用いる。このことにより，クライエントは，自分の抱える問題に向かい合い，状況や心の整理を行っていく。ソーシャルワーカーは，クライエントのペースを尊重した面接のなかで，クライエントのエンパワメントを支えていく。

> 〈面接事例2：面接事例1からの続きの場面。アセスメントをするなかで，女性が自分の家族や守りたいものへの思いを語る。〉
> SW　お住まいは，戸建てなんですね。★4
> CL　はい。小さいけどね，大事なもの。親が残してくれた。いろんなこと思い出
> 　　　すよね。
> SW　いろんなこと？★5
> CL　うん。父はね，あんまり家にいない人だった。仕事ばっかり。お酒も結構飲
> 　　　んで帰ってきたりね。私は，母とおばあさんといることが多かったんだよ。
> 　　　だけどね，家建ててくれたしさ，今思えば母も一生懸命お金返してたのかな。
> 　　　おばあさんの介護で，母は大変だったよね。私はさ，別で暮らしてた時だか

　　ら，帰った時にしか見てないけど，あんなふうにわからなくなっちゃったら
　　誰かいてくれないと生活できないよね。

SW　そうでしたか。

CL　母というね，嫁がいてくれたからおばあさんも最期まで家にいれた。喧嘩す
　　るときもあったけど，おばあさんは母に看取ってほしいって言ってた。仲良
　　かったのかな。

SW　ご両親はその後？

CL　病気でね，亡くなったのよ，２人とも。父が先に。そのあと母。母はあっと
　　いう間だった。入院して，介護ってまでは必要なかったから，つきっきりっ
　　てこともなくて，母らしいっていえば，母らしいかな。家族の世話を一生懸
　　命して，自分は人に迷惑かけないで逝っちゃった。

SW　お母さまは，ご家族に尽くされた方だったんですね。★6

CL　そうだね，だから今の家にいると，母がそこでこんなこと言ってたなとか，
　　おばあさんがいつもいた場所に座って，家のなかの景色とか見て，２人の歳
　　と同じになってきて，いろいろ……，感じるよね。いるとこがあるってあり
　　がたいよね。施設とか行きたくない。仏さんもいるしさ，だからさ，これか
　　らも家で，と思うんだよ。

SW　ご家族と過ごされた思い出のある大切なおうちだから，ずっとそこで過ごし
　　たいと思っていらっしゃるのですね。★7

CL　そう，そうなの。だって，私のことは私しかわからないし，家のことも，物
　　の場所とか，庭もボーボーじゃね，お金のこともあるでしょ，誰もきてくれ
　　ないし。

SW　ご自宅のことをわかって任せられる方がいらっしゃらない……。★8

CL　そうなのよ。それが不安でたまらない。

（3）終結期

　面接は予定時間内に終了するのが望ましい。終了予定時刻が近づいてきたら，
クライエントの様子に十分に気を配り，一方的に切り上げてしまうことになら
ないように注意してまとめに入る。クライエントが面談の内容に満足し，納得
し，落ち着いたところで終了に向けた話題に移す。

　ソーシャルワーカーが，今回の面談で話したことの経過と決定事項の確認，
次回までの課題についてまとめる。クライエントの同意を得て，次回の日時を

決める話題に移っていく。どのようなタイミングで行うのか，どのくらい期間を空けるのかを十分に話し合うことやソーシャルワーカーが準備しておくべき情報，必要に応じていつでも対応できることも付け加えるとクライエントの安心感につながる。

　また面接の終わりに面接では語らなかった感想や日常の話題を話すことがある。ここには，クライエントの思いが込められていることがあるので，最後まで留意する。

〈面接事例 **3**：面接事例 2 の後，アセスメント，任意後見人制度の説明を行った後の場面。〉

CL　いろいろ助けてくれるのがあるもんだね。細かいことはまだよくわかんないけどね。誰に頼むかとか，まだそこまでは，少し大丈夫かなあと思ったよね。

SW　事前にご準備されようとしたことが安心になりましたね。今日は，鈴木さんの生活上のご心配について伺って，お使いになれそうな制度についてご案内させていただきました。鈴木さんのご家族やお住まいへの温かい思いをお聞きして，私もあったかい気持ちになりました。

CL　うん，私もほっとしたよ。これ，帰ってからまた読んでみるけど，わかんないことがあるかもしれないね。また心配になるかな……。

SW　それではまたお話にいらしてはどうですか。

CL　いいの？　じゃ，迷惑かけるけどそうしてもらおうかな。

SW　迷惑だなんてとんでもないですよ。いつ頃にしましょうか。

CL　じゃあ，えーっと，そうだな。2 週間後くらいどう？　時間は今日くらいかな。それまでなら，これ（資料を軽く持ち上げて），じっくり読めると思うんだよ。

SW　○月○日ですね。では11時に。大丈夫です。それまでに何かあれば，いつでもご連絡ください。

CL　ありがとね。はあ，今日は来てみてよかったよ。

SW　そうですか。収穫ありました？

CL　あった，あった。安心したよ。ほんと。知らないだけで，助けてくれる人とか制度とかありがたいね。

SW　よかったです。

CL　じゃあね。またね（手を軽くあげて，退室していく）。

4　面接の技法

（1）観　察

　観察は，面接中のクライエントの表情，態度，しぐさ，変化などの非言語表現を注意深く読み取ることである。コミュニケーションは一般的に非言語的表現が6割から9割を占めるといわれている。発言と非言語表現に矛盾がある時や面接の前半と後半で一貫性のない話題や話題が変化したポイント，拒否的な反応がみられたタイミングや発言などを分析し，その意味を考える。

　観察においては，ソーシャルワーカーの主観がその意味やメッセージのとらえ方に影響することから，自身の価値観を知ることや自己覚知をしておくことが必要である。常に客観的にとらえ，一方的に判断しないようにすることが求められる。

（2）傾　聴

　傾聴は，面接の最も基本的な技術である。自然な目線（アイコンタクト），相手の話に合わせて，無音で頭を縦に振るうなずき，相槌などがある。相槌は，ワーカー側の判断を含まず，「ええ」「うん，うん」「そう」という言語に抑揚をつけて使用する。これにはクライエントが自分のペースで話しやすい状況を作り，発言を促進する効果がある。大切なことは，真摯に話を聴く姿勢や態度をクライエントに伝わるように発信することである。なお，面接内でクライエントが話す量は会話全体の7割から8割が適切な量といわれている。

（3）質　問

　質問は，クライエントから必要な情報を聞き出すために有効な手段であり，開かれた質問と閉ざされた質問の2つの方法がある。開かれた質問は「○○についてどう思いますか？」といったもので（面接事例の★2），閉ざされた質問は「○○ですか？」といった形である（★1，★4）。クライエントの言葉で

語ってもらい，話題を広げたい時には開かれた質問，明確な回答が必要，あるいは語ることが苦手なクライエントの時には，「はい」「いいえ」で答えることのできる閉ざされた質問が有効である。

　経験の浅いソーシャルワーカーや学生は，沈黙を恐れるあまり，閉ざされた質問を頻回に使ってしまいがちである。閉ざされた質問を使いすぎるとソーシャルワーカーが面接の方向性を決めてしまったり，クライエントが話したい時には不快感をもたせることになる。質問を1つしたら，次は他の傾聴の技術を用いるように意識する。

（4）言語的反応

　言語的反応には，要約，繰り返し，言い換えなどの技法がある。

　要約は，クライエントの話を「つまり〜こういうことですね」と要点を焦点化したり，まとめたり，面談に区切りをつけたい時に活用される（★3，★7）。繰り返しは，クライエントの発言のなかの言葉から一部を抽出して，クライエントに返す技法である。「話を聴いている」というメッセージを送り，「聴いてもらえている」という安心感をクライエントに与え，次の発言を促すことができる[8]（★5）。言い換えは，クライエントの発言を別の表現で返す技法をいう。クライエントの発言や意図する内容を確認する役割があり，ソーシャルワーカーが言い換えた内容がクライエントの意図と異なっている場合や補充の説明が必要な場合には，クライエントが追加をしたり，修正することができる機会を提供できる（★6，★8）。

　面接場面では，言語的，非言語的スキルがどのように機能しているか，相手にどのように影響を与え，何が起こっているのか，面接のプロセスを意識して進行することとそれを振り返る機会が技術向上には必要である。しかしながら，面接に関する学びの機会は多くはなく，現任のソーシャルワーカーも日々の実践のなかで技術向上を図っている。多くの面接を経験することはもちろんだが，スーパーバイザーと契約し，スーパービジョンを活用することもスキルアップの手段である。

注

(1)　岩間伸之（2008）『逐語で学ぶ21の技法──対人援助のための相談援助技術』中央法規出版，8頁。

(2)　(1)と同じ，11頁。

(3)　大塚達雄・井垣章二・沢田健次郎・山辺朗子（1994）『ソーシャル・ケースワーク論──社会福祉実践の基礎』ミネルヴァ書房，155頁。

(4)　バイステック，F. P.／尾崎新・福田俊子・原田和幸訳（1996）『ケースワークの原則』誠信書房，17頁。

(5)　(1)と同じ，13頁。

(6)　(3)と同じ，160頁。

(7)　(3)と同じ，162〜163頁。

(8)　(1)と同じ，53頁。

参考文献

Kadushin, A. & Kadushin, G. (1997) *The Social Work Interview : 4th edition*, Columbia University Press.

学習課題

①　面接事例2から読み取れる鈴木さんの思いはどんなことでしょうか。考えてみよう。

②　日頃，家族や友人の話を聴く時に面接技法を意識して使い，どんな技術を使うことができたか，どんな効果があったか，他に使える技術はなかったか振り返ってみよう。

　　普段，身近な人との会話では，沈黙が続いたり，適切な返し方ができなくてもきっと気にならないはずです。それは，あなたと相手の間に信頼関係が構築されているからです。あなたがクライエントを信頼し，ゆったり迎えることができれば，クライエントも安心して話すことができるでしょう。面接は，両者の相互作用で営まれるものなのです。

～～～～～ コラム　アセスメント──クライエントと共に歩む ～～～～～

　面接の具体的な場面として，「アセスメント」場面が挙げられます。アセスメントで大切なことは，課題を解決していく主体はあくまでもクライエント本人であることを認識し，本人の課題を解決する力に焦点を当てながら，ソーシャルワーカーとクライエントが協働して，本人の生活課題を明らかにしていくことです。

　経験の浅いソーシャルワーカーが陥りやすい傾向として，アセスメント様式の項目を順番に埋めていくことに懸命になり，クライエントの「できること」「できないこと」のみの確認にとどまってしまうことがよく見受けられます。これでは，クライエント本人の問題は見えたとしても，本人の今後の望む暮らしや，解決しなければならない課題が見えてこないため，アセスメントとしては不十分といえるでしょう。まずは生活するうえで困っていることについて，ありのままに本人に語ってもらい，それらの背景や要因など，客観的な事実を整理しながら丁寧に把握していくことが大切です。身体状況を確認するうえでは，アセスメント項目を念頭に置きながら，1日の生活の流れに沿って進めていくと，本人や家族も質問に答えやすく，共通認識しやすくなります。また，施設入所後における生活の流れや支援方法などについて，その後検討するうえでも，情報が整理しやすくなるため，時間軸に沿って進めてみるとよいでしょう。

　私が面接で心がけていることは，クライエントと家族の望む今後の暮らしについて，どのように描いていくかということです。いわば，「トンネルの先の光」というものを，クライエントと共に具体的にイメージしながらアセスメントすることが最も大切ではないかと考えています。高齢になって，病気や障害があり，貧困等の問題のなかにあっても，この先の生活に，生きがいや希望を持ちながら，「その人らしく」暮らしていくこと。面接を通して，少し先の明るい未来を想像することができるとすれば，本人の生きる意欲や希望を引き出すことができ，望む暮らしの実現に向けて取り組んでいくことが可能になるのです。

　ソーシャルワーカーであるあなた自身が，トンネルの先を照らす光となり，クライエントと共に歩みはじめることは，同時に，援助者としてのあなた自身の道のはじまりです。ぜひ，自分が志した道を信じ，歩みつづけることを期待します。

　　　　小野寺　真（社会福祉法人優愛福祉会特別養護老人ホーム優愛の家施設長補佐）

第10章

ソーシャルワークで用いられる技法

　ソーシャルワーカーは，生活上の課題や困難を抱えている人たちに「専門職」として，多様な技法を用いて支援を展開していく。本章は，支援において具体的に用いられる技法について理解することを目的としている。第1節では，権利擁護とソーシャルワークについて学ぶ。クライエントがしばしば権利を侵害されやすい立場にあることを理解し，具体的な権利擁護の方法について知る。第2節では，潜在的なニーズがありながらも，自らが課題を認識できていないなどさまざまな状況下でのアウトリーチの方法について学ぶ。第3節では，ケアマネジメントの基本を理解しながら，ソーシャルワーク技術としてのケアマネジメントについて理解を深める。第4節では，ネットワーキングの目的，意義について理解するとともに，地域包括ケア時代のネットワーキングについて学ぶ。

1　権利擁護とソーシャルアクション

（1）ソーシャルワークにおける権利擁護

　あるレストランに6名で行き，食事をしようとした時，入口で「障害のある方のご利用はご遠慮いただいております」と言われた。身体障害のある人4名と介助者2名だった。これを聞いて，みなさんはどう思うだろうか。

　権利擁護とはアドボカシー（advocacy）の訳語である。ソーシャルワークの1つの機能として位置づけられている。「権利を擁護する」という，この「権利」とは何を指すのであろうか。英語辞典をみると，「権利」については，「正

当な要求」という点が強調されている。すなわち権利擁護は、「正当な要求」をすることが困難な状況に置かれていたり、または「正当な要求」が自分の置かれている立場によって迫害されているような場合にその権利を守ることである。

　レストランで断られたことは、納得がいかなかった。障害があるというだけで利用できないというのは、明らかに差別的であり、私たちには外食をする、食べたいと思ったものを食べるという当たり前の権利がないと突きつけられたようであったからだ。

　日常生活の手助けを必要としている人たちのなかには、認知症や知的障害などがあるために、判断能力やコミュニケーション能力が不十分な人がいる。そういった状況では、自らの権利を守ることが難しいことがあり、権利擁護は、そうした人たちを権利侵害から守り、また不十分な部分を補うことといえる。しかし、これは権利擁護の一部のとらえ方に過ぎない。もう少し広い視野で権利が侵害される状況について考えてみると、肌の色が違うために起こる人種差別、ジェンダーに関すること、階級、階層などがある。

（2）権利擁護の方法

　戦後、わが国の福祉は防貧、救貧施策を中心に行ってきた。当時の福祉観は「保護する」ということが中心であった。児童福祉法をはじめとする主要な福祉法の条文に権利規定がなされていないことからしても、権利としての社会保障という考え方ではなかった。

　1998（平成10）年、当時の厚生省は、「社会福祉基礎構造改革について（中間まとめ）」を公表した。戦後の福祉制度では、時代の変動に対応できないままであった。その1つに社会福祉のサービス利用にまつわる方法が挙げられる。私たちは、資本主義経済のなかで自由に経済活動を行い、好きなものを選び購入し、消費することができるが、当時の福祉のサービスは異なっていた。行政と福祉サービス機関との間で行われる契約関係で成立した「措置」という制度で運用されてきたのである。この方法は、「措置権者」といわれるクライエントが直接施設と契約しているわけではないので、さまざまな不満や不服を申し

立てにくく，クライエントの声が届くことが難しかった。社会福祉基礎構造改革は，少子高齢化やそれに伴い生じる家族機能の低下，国民の福祉意識の変化などを背景として，措置制度から契約制度という新しい枠組みを提案した。2000（平成12）年に導入された「介護保険制度」は，まさに契約制度によって福祉サービス事業者とクライエントであるサービス利用者が直接契約を結びサービス提供を受ける形態としてスタートした。その後，2003（平成15）年には障害者の支援に関する福祉サービスにも契約制度が導入され，2015（平成27）年になると，子ども・子育て支援新制度の開始によって保育所や認定こども園などにも直接契約の制度が導入された。

　この福祉サービス利用をめぐる直接契約は，一般的に行われる法律上の契約行為を意味する。つまり，契約には本人の「意思」が確認できることが求められ，「責任」が伴うのである。そこでは，福祉サービスを利用する「利用者」である前に，「消費者」として，自己決定していくための意思が求められる。契約内容の説明を理解したうえで，同意するという過程がそこにはある。しかし，福祉サービスを利用しようとしている人のなかには前述したように，知的障害や精神障害，認知症などにより意思確認が困難であったり，判断能力が不十分な状態にある人がいる。こういった人のさまざまな契約は危険と隣り合わせにもなる。騙されたり，金品を奪われたり，犯罪や事件に巻き込まれたりしやすい。

　たとえば，知的障害のあるAさんの両親が5000万円の遺産を遺して亡くなった。Aさんは，5000万円が大金であることの理解が難しい。ある日，Aさんの友人から「一緒にお店を経営しよう」と誘われ，起業のための資金として1000万円を友人に渡した。その後も友人は，「店舗の2～3か月分の家賃を先に支払わないといけない」などと言って，Aさんから150万円を受け取っている。1年経つ頃には3000万円を友人に渡していたが，友人はある日突然姿を消してしまった。Aさんは，友人だと思っていた人に騙されて大事な遺産を取られてしまったのである。

　このような人たちの権利を守るために，成年後見制度や日常生活自立支援事業がある。成年後見制度は，認知症や知的障害などがあるために，さまざまな

契約などの法律行為を行うことに際し判断能力が不十分な状況にある人に対して，財産の管理や身上監護を行うことができる制度である。また，日常生活自立支援事業は，判断能力の不十分な認知症の人などが直接社会福祉協議会と契約することにより，①福祉サービスの利用援助，②日常的金銭管理サービス，③書類等の預かりなどのサービスを利用することができるものである。

（3）ソーシャルアクションの源流

　「ソーシャルアクション」は，1935年に開催された全米社会事業会議ではじめて公式に使用され，ソーシャルワークの方法論として位置づけられた。実際のソーシャルアクションの運動としては，19世紀後半の社会改良運動にその源流をみることができる。具体的には，イギリスの生活協同運動，セツルメント運動である。アメリカでは，アダムス（J. Adams）が「ハル・ハウス」をシカゴに設立し，セツルメント事業を開始した。これは，社会正義をめざしたソーシャルアクションの原型ともいわれている。

　1939年のレイン報告では，社会資源をクライエントのニーズに合わせて結びつけること，ニーズの発見と掘り起こしのためにクライエントを組織化すること，そのために住民参加の概念を開発することを，ソーシャルワークの方法の1つとして位置づけた。

　1960年から1970年代には，頻繁に起こる社会問題に対立した公民権運動や社会福祉運動に解決型のソーシャルワークの方法としてソーシャルアクションが用いられてきた。特にジョンソン大統領が布告した「貧困戦争」の政策は，ソーシャルワークを課題解決型により一層進ませたといわれている。しかし，貧困の再生産という悪循環は断ち切れなかった。貧困問題は，貧困状態に陥っている人たちの背景にある文化や生活構造といった環境面へ焦点を当てることも必要であるからだ。その環境の改善に目を向けなければ，決して貧困問題の改善には至らないのである。

　ソーシャルアクションは，「社会活動法」と訳されている。わが国では，方面委員（民生委員の前身）を中心とした救護法の制定，保育所増設運動などがソーシャルアクションとして挙げられる。また，戦後の朝日訴訟支援，公害反

対運動などさまざまな活動がある。近年では，ハンセン病元患者を中心とした権利回復の運動，薬害エイズ事件，LGBT の権利を求めるプライド・パレードなどが挙げられるだろう。

　以前は，発信力が弱い子ども，障害者，貧困状態にある人などに代わって，福祉増進のための組織的対策として行われるソーシャルアクションが多かった。しかし，のちに当事者自身やその家族が担い手となるソーシャルアクションも含むようになった。

（4）ソーシャルアクションの形態

　『新版地域福祉事典』によれば「ソーシャルアクションの過程展開は，①学習会や調査などによる問題と要求の明確化，②解決すべき課題の特定と行動計画・対策案の策定，③啓発・広報活動などを通しての理解の促進および世論形成，④署名，陳情，請願，裁判闘争などによる議会や行政機関に対する要求，⑤活動の効果や問題点と総括，新たな課題の提起」[1]とされている。

　高森敬久は，クライエントのニーズに合う社会資源が存在しなかったり，目の前にある資源ではうまく適合しない場合にソーシャルワーカーが改善を要求したり新しい社会資源を創出するような「『働きかける』」運動だけでなく，被援助者の人権や権利擁護のための社会啓発，社会参加の促進，利害の調整活動，交渉，政策形成，代弁や弁護活動，訴訟活動などの諸技術（戦略）を含む広義の実践概念」[2]として定義している。

2　アウトリーチ

（1）アウトリーチの意義と目的

　アウトリーチとは，「Reach Out」すなわち「手を伸ばすこと」である。具体的には「サービスや援助が必要であるにもかかわらず，自発的にサービスを求めようとしない人々を発見し，その人々にサービスの必要性を伝え，サービスの提供を行うこと」[3]である。ソーシャルワーカーが援助を必要としている人がいる地域社会や彼らの生活空間に出向いていくことで援助の手を彼らに届か

せることであり，地域援助活動では，住民の声を収集することも含まれる。

　ソーシャルワークの領域では，高齢者，障害者，児童などといった領域による縦割り行政のなかで，支援を必要とする人が，各法律に掲げられるサービスの受給要件を満たしていることが支援を受けられるかどうかと直結している。福祉事務所をはじめとする機関は，相談がくるのを待つという体制が長らく続いた。しかし，今日では，「セルフ・ネグレクト」に代表されるように，自らが支援を必要とする状況にあることを認識していなかったり，支援を拒否するということもある。このような場合には，時として生命の危機をも感じる状況に置かれることもあるため，アウトリーチの重要性は極めて高く，その支援は包括的に行われる必要がある。

（2）アウトリーチを必要とする対象の理解

　アウトリーチを必要としている人たちのなかには，ソーシャルワーカーによる接近が困難な人たちも多数いる。そのような人のなかには，多機関からの支援を拒否したり抵抗を示す人も多い傾向がある。ここでは，いくつかの対象に分けてアウトリーチを必要とする対象について述べていくことにする。

　①　児童虐待におけるアウトリーチ

　児童虐待が疑われる場合のアウトリーチの目的は，虐待で子どもが死亡することを防ぐこと，子どもの安全を守ることの2点である。そのため，このような場合のクライエントは第一義的には「子ども」となる。一方，児童虐待を予防するという予防活動としてのアウトリーチの場合には，クライエントは保護者となる。厚生労働省が2013（平成25）年に発表した「子ども虐待対応の手引き」では，「保護者との信頼関係よりも子どもの安全が最優先」であること，そして「支援の前に介入」という優先順位が示されているように，この分野でのアウトリーチは，状況や目的に応じてクライエントが変わるといった特徴がある。

　②　障害のある人へのアウトリーチ

　障害がある人たちの多くは，障害者手帳を取得し，就学を経て就労や社会参加の場を選択していく。これらの各段階で，専門職が関わっている。しかし，

障害がありながらも，保護者がその障害を受容できないまま（あるいは，障害があるという認識がないまま），これまで一度も相談支援やサービスにつながっていない，いわば社会的な孤立状態にある人たちもいる。障害者手帳を取得していないことが，障害年金の不受給につながっており，その要件を満たしているかどうかを教えてくれる人たちもいない場合もある。このような人たちは，軽度の知的障害や発達に特性がある場合も多く，支援関係を築いたり継続することが難しい。必要な支援を必要なだけ提供し，クライエントが訪ねてくれば受け入れ，来なくなってしまった場合にはこちらから出向いていく，まさにアウトリーチをしていく姿勢が必要となる。ここでのアウトリーチは，支援が必要な人とつながりつづけるための方法である。アウトリーチに「見守り」の機能を明確に位置づける必要があるだろう。[(5)]

③　認知症高齢者へのチームによるアウトリーチ

医療にも介護にもつながっていない，あるいはつながりが中断してしまった認知症の人に対して，自宅に訪問し，集中的，包括的に関与する（アウトリーチ）専門職を「認知症初期集中支援チーム」という。これは，「認知症施策推進5か年戦略（オレンジプラン）」において創設されたものである。認知症ケアは，早期発見・早期介入の必要性がありながらも，これまで医療につながらないまま時が過ぎていくことが多く，どちらかというと「事後的対応」が目立った。そこで，医療・福祉の国家資格をもつものなどで編成される専門職2名以上のチームが訪問することにより，支援機関とつながるきっかけをつくるのである。目的は，まず受診勧奨と誘導である。特に，本人に医療機関受診の動機づけを行い，受診に至るまで支援を続けていく（おおむね6か月）。このような活動は，受診拒否や専門的な介入を拒む人たちと長く付き合うことができるため，信頼関係を築いたのちに受診へと導くことも可能となるケースも多い。

3　ケアマネジメント

（1）ケアマネジメントの基本的理解

高齢者ケアが地域ケアへと本格的に展開していく1970年代以降，そのなかで

生まれてきたのがケアマネジメントである。イギリスやアメリカではじめられ，ケースマネジメントとも呼ばれる。アメリカでは，精神障害者のコミュニティケアを推進する方法として用いられたことにはじまる。精神病院の病床削減を目的にコミュニティケアに踏み切るためには，精神障害のある人たちの住宅政策と公的サービスへのアクセスが確保されることが必要であった。これらの課題を1つの窓口で対応して，必要なサービスと結びつけていく方法の理論化が進んでいった。一方で，イギリスではケースマネジメントの理論を構築したチャリス（D. Challis）らが「長期ケアの新たな方法」として提示した。ケースマネジメントという呼称のほか，ケアコーディネーションなどさまざまな名称があるなかで「ケアマネジメント」という名前が定着した。

　日本では，1990年代にケアマネジメントの考え方が広く浸透してきた。「在宅介護支援センター」の創設によって，それは具体化した。1994（平成6）年12月に発表された『新たな高齢者介護システムの構築を目指して』において，公式にケアマネジメントという言葉が使われた。ここでは，ケアマネジメントを「ケア提供者が利用者の立場に立って，本人や家族のニーズを的確に把握し，その結果を踏まえ，『ケアチーム』を構成する関係者が一緒になって，ケアの基本方針である『ケアプラン』を策定し，実行していくシステム[6]」と定義されている。背景には，「この時期に，病院機能の区分が行われ急性期医療と長期ケアへの区分が進んだこと，長期ケア施設の促進を目指して在宅ケアの整備が進んだこと[7]」がある。

　2000（平成12）年に介護保険法が施行された時には，ケアマネジメントが導入され，ケアプランを作成する人を介護支援専門員（ケアマネジャー）として法的に位置づけた。介護保険では，要介護者・要支援者に対して，ケアマネジメントが行われている。

　障害者支援に関しては，2005（平成17）年の障害者自立支援法に規定された相談支援事業所でケアマネジメントが開始される。のちに，障害者総合支援法の成立によりサービスを利用している障害者すべてがケアマネジメントの対象となった。

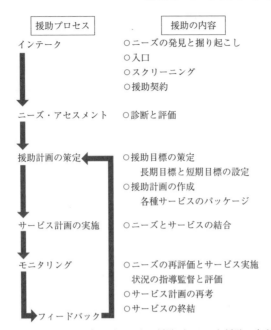

図10-1　ケースマネージメントの援助プロセスと援助の内容

出所：濱野一郎・野口定久編（1996）『コミュニティワークの新展開』みらい，
　　　217頁。

（2）ケアマネジメントの特徴

　ケアマネジメントには，「医学モデル」によるものと「生活モデル」による
ものとがある。支援者が主となる医学モデルと異なり，あくまでもクライエン
トが主役であり，専門職がその人の求める生活に近づけるためにプランを立て
ていく黒子的な関係性，あるいは共に生活をつくっていくパートナーとしての
対等な関係性に基づいて行われるのが「生活モデル」のケアマネジメントであ
る。ケアマネジメントを行う人を「ケアマネジャー」と呼ぶが，ケアマネ
ジャーのクライエントとの向き合い方が，特に重要となる。

　ケアマネマネジメントは，①インテーク，②ニーズ・アセスメント，③援助
計画の策定，④援助計画の実施，⑤モニタリング，⑥フィードバックという一
定の過程を経る（図10-1）。

　①インテークは，クライエントやその家族からの相談によって開始される。

ここでは，スクリーニングも行われる。スクリーニングとは，ケアマネジメントによる支援が適当かどうかを判断することである。特に，ソーシャルワーカーが所属している機関によっては，生活上の課題を抱え支援が必要だとしても，所属する機関で対応できる課題でない場合もあるため，確認が必要となる。

　②ニーズ・アセスメントは，クライエント自身やその家族生活の状況，ニーズを明らかにすることのほか，クライエントの意思も極めて重要である。また，今までにどのような社会資源とつながってきたのかなどもケアマネジメントをしていくうえでは重要な情報となる。このように情報とニーズ，そしてクライエント自身の意思を確認したうえで，どのように課題を解決し，ニーズを充足していくのかを考えていく。この段階において，支援の長期目標と中・短期目標を考えていくことになる。長期目標では，クライエントの QOL や自己実現，自立支援に軸足を置いたものになる。中・短期目標は，上位目標となる長期目標を達成するための手段的な目標として考える。

　③援助計画の策定は，アセスメントで得たクライエントの情報と本人の意向をもとにケアプランを作成する。クライエントを担当するケアマネジャーが素案を作りながら，クライエントの支援に関わる専門職間で，再検討を重ねアセスメントを統一させながら，チームとしてのケアプラン策定がなされる。この場面には，クライエントや家族が何らかの形で参加することが原則となる。それが困難な場合においても，必ず事前の説明や意見聴取，結果の伝達などをしたうえで同意を得る。あくまでもクライエントのニーズが優先される。ケアマネジャーには，フォーマルだけでなく，インフォーマルサービスをケアプランに組み込めるようにするための交渉能力やネットワーキングの技法などが必要とされる。

　④サービス計画の実施は，策定されたケアプランに基づいて行われるサービス提供のことである。個別具体的なサービスは，ケアマネジャーが直接提供するものではない。ケアマネジャーは，ケアプラン通りにサービスが利用できているのか，各種の社会資源とのマッチングがうまくいっているのかなどを意識しつつ，クライエントに効果的に支援が届くようにしていくことが役割となる。

　⑤モニタリングは，クライエントが利用していている各種のサービスなどの

状況をモニターする。そこでは，ニーズに合った支援が行われているか，クライエントの身体状況などは変化していないか，生活のしづらさは改善しているか，新たなニーズは発生していないかなどを確認する。その結果，ケアプランの修正点があれば対応していくこととなる。モニタリングは，クライエントの生活の場である家庭や地域社会で行われるものと，ケアマネジャーが所属する機関で行われるものがある（ケースカンファレンス）。モニタリングの結果により，支援を継続するのか終了するのかを判断することになる。

　⑥フィードバックは，サービス利用が適切であったかどうか，それによってクライエントの生活状況が改善したのかどうかを評価する。一定期間を経て，ニーズが充足されていなかったり，クライエントの置かれている状況が深刻さを増す場合には，ケアプランの大幅な変更が必要となる。ニーズが充足され，ケアマネジメントによる支援の必要性がなくなる場合には終了となる。高齢者のケアマネジメントの場合には，クライエントの逝去によって終了となることが多い。

（3）ソーシャルワークの技術としてのケアマネジメントの意義

　ソーシャルワークは，クライエントに対して必要な社会資源との結びつけやその調整を行っている。ケアマネジメントは，介護保険制度などの制度上のサービスをクライエントニーズと結びつけ，調整を図ることという限定的な見方をされがちである。この場合には，ニーズがどこにあるのかではなく，サービス提供者の主導によって，支給限度額を見据えていくら使えるのかという条件からサービスを選択するという危険性が伴う。本来のケアマネジメントの意義は，クライエントの「ニーズに合った社会資源がない場合には，新たに社会資源を開発，動員するために，地域や地方自治体，社会に対する働きかけ[8]」をすることにある。このような役割をソーシャルワーカーが担うという認識が大切である。

　このような基本に立ち実践されるケアマネジメントは，ソーシャルワーカーが支援する場合においては，人と環境との間に生じる関係の障害として生活ニーズをとらえる。そして生活ニーズを諸制度と結びつけるだけでなく，制度

の改善にも関心をもつことが必要となる。

　また，ソーシャルワーカーが行うケアマネジメントにはストレングスが含まれている。それは，利用者の身体機能状況，精神心理状況，社会環境状況においてマイナス面ばかり有しているわけではなく，身体機能面ではさまざまな能力をもち，社会環境面では支援可能な多様な社会資源をもっているととらえることが必要になる。支援者はこのような視点に立ち，アセスメントを行うことになる。[9]

4　ネットワーキング

（1）ネットワーキングの目的と意義

　現代社会は，少子高齢化や単身化・核家族化の増大などにより，生活上さまざまに起こり得る困り事への対処やそれに伴う判断などを一人でしていくことを余儀なくされる。もちろん自らがインターネットや SNS などを活用し，情報にアクセスしながら解決していく手立てを探ることができる人もいるが，そのこと自体が困難な状況にある人もいる。上記のような生活形態は地域とのつながりだけでなく，近隣とのつながりの希薄化にも拍車をかけており，関係性の貧困な状況にあるといえる。

　今日，ソーシャルワーク支援を必要としている人たちのなかには，抱える課題が複合的であり複雑化している人が多くみられる。そのため，専門職のネットワークだけでなく，コミュニティにおいてクライエントが築けないままになっている人間関係に代替する，新たなネットワークの構築も必要となっている。

　ネットワークは，網の目状のつながりや人間関係のつながりと説明されることが多い。地域社会の分析用具として精緻化されてきたソーシャル・ネットワーク概念が基礎になっている。ネットワーキングを提唱したリップナック（J. Lipnack）とスタンプス（J. Stamps）は，「ネットワークとは我々を結びつけ，活動，希望，理想の分かち合いを可能にするリンクである。ネットワーキングとは，他人とのつながりを形成するプロセスである」[10]という見解を示した。渡

邉洋一は，「ネットワーキングとは，単なるネットワークの状態を越えて，自己改革性を保持し，絶えず内的発展を繰り返す協働的連携・連鎖の状態のあり様」であると定義している。つまり，ネットワーキングとは，クライエントが個別にこれまで培ってきた関係性や支援するソーシャルワーカーが保持しているネットワーク（所属先の多職種間との連携），さらにソーシャルワーカーの所属先が有している他機関との関係性を含む総体を指しており，これらが1つの目標に向かってつながり合っていくということである。

　たとえば，認知症の人が出かけたまま帰宅せず行方不明になり，家族が心配して探すということがある。事故などにあわず無事に発見されるためには，いち早く捜索する体制が必要になる。家族は，警察に捜索願を提出する。警察は，捜索する一方で，市内のさまざまな機関に協力依頼をする。タクシー会社やバス会社は，市内を走行中に行方不明者を見かける可能性がある。また，登録している市民の携帯メールに行方不明者の情報を発信する方法により，近所で見かけたり，出先ですれ違う人を気にかけてもらうこともできる。また，スーパーやショッピングセンター，ガソリンスタンド等への協力も依頼する。さらに，地元のラジオ局やケーブルテレビなどにも協力してもらうことにより，広く市内に呼びかけることが可能だ。こうして認知症の人を事故やケガに遭わせずに発見するためのネットワーキングの構築が行われている（図10-2）。

（2）地域包括ケアにおけるネットワーキング

　厚生労働省の高齢者介護研究会は2003（平成15）年に『2015年の高齢者介護』において，地域包括ケアの構築を政策として掲げた。2010（平成22）年3月に示された「地域包括ケア研究会報告書」では，地域包括ケアを「ニーズに応じた住宅が提供されることを基本とした上で，生活上の安心・安全・健康を確保するために，医療や介護のみならず，福祉サービスを含めた様々な生活支援サービスが日常生活の場で適切に提供できるような地域での体制」と定義した。

　2011（平成23）年に改正された介護保険法では，国や地方自治体の責務として，地域包括ケアシステムを構築することを規定した。地域包括ケアシステムとは，中学校区を日常生活圏域と定めて，そのなかで医療，介護，介護予防，

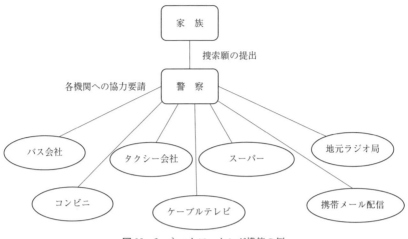

図 10-2　ネットワーキング構築の例

出所：筆者作成。

　住まい，日常生活支援の5分野についてそれぞれの地域やニーズに応じた継続
的な支援をしていくことである。地域包括ケアは，このようなコンセプトのも
と，高齢者ができるだけ長く地域社会のなかで生活することをめざしている。

　厚生労働省が地域で暮らし続けるための方策を検討した『地域における「新
たな支え合い」を求めて』では，地域福祉の意義と役割として「ネットワーク
で受けとめる」という考え方が示された。「地域での生活は，親族や友人，近
隣などの様々な人々や多様な社会サービスとの関係で成り立っており，地域の
生活課題に対処するためには様々な関係者が対応することが必要である。その
意味で，地域福祉の目標は，地域においてあるべきネットワークが形成されて
いる，互いに助け合えるような状態にあること」とその目標を明確にしている。
ここでいう「様々な関係者」とは，住民，自治会・町内会，ボランティア，民
生委員や NPO，PTA，事業者や社会福祉協議会，企業や商店，行政など多岐
にわたる（図10-3）。また，このようなネットワークの支援，つまりネット
ワークをネットワーキングにしていくためには，地域福祉のコーディネーター
が必要とされているが，これがまさしくソーシャルワーカーが担う1つの役割
であろう。

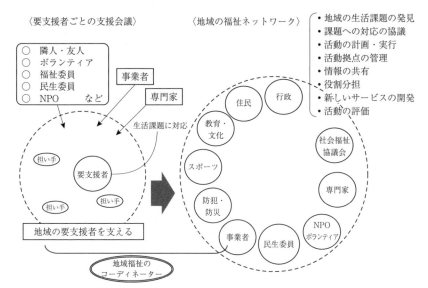

図10-3　地域における個別の支援と地域の福祉活動の運営のためのネットワーク

出所：これからの地域福祉のあり方に関する研究会（2008）『地域における「新たな支え合い」を求めて』21～22頁。

　白澤政和は，「地域包括ケアは，コミュニティをベースにしたソーシャルワークを実施していくことにほかならない」としており，「個人やその家族に対するケアマネジメントと地域の団体や機関の組織化を行い，両者が連続性のあるものとして，一体的・統合的に実施することが地域包括ケアの土台となる」と述べている。

　地域包括支援センターでは，包括的支援事業（介護予防ケアマネジメント，総合相談支援，権利擁護，包括的・継続的ケアマネジメント支援）が行われている。継続的かつ包括的にケアの提供を可能にするには，保健・福祉・医療だけではなく，ボランティアやインフォーマルサービスなどのさまざまな資源の統合やネットワーク化が欠かせない。このような中核的な機関としての役割が期待されている。

注

(1)　日本地域福祉学会編（1997）『新版地域福祉事典』中央法規出版，360〜361頁。

(2)　高森敬久（1996）「ソーシャル・アクション」濱野一郎・野口定久編『コミュニティワークの新展開』みらい，203頁。

(3)　三品桂子（2011）「アウトリーチ支援の国際標準と新しい動向」『精神科臨床サービス』11（1），11〜15頁。

(4)　福富昌城（2011）「ソーシャルワークにおけるアウトリーチの展開」『ソーシャルワーク研究』37（1），34〜39頁。

(5)　小林良二（2014）「アウトリーチ型生活支援システムについて」『精神療法』40（2），金剛出版，254〜255頁。

(6)　高齢者自立・介護支援システム研究会（1994）『新たな高齢者介護システムの構築を目指して』。

(7)　太田貞司（2003）『地域ケアシステム』有斐閣，180頁。

(8)　山井理恵（2002）「社会福祉援助技術の内容（3）」久保紘章・北川清一・山口稔編『社会福祉援助技術論』相川書房，192頁。

(9)　白澤政和（2007）「ケアマネジメント」中村優一・一番ヶ瀬康子・右田紀久恵監修『エンサイクロペディア社会福祉学』中央法規出版，649頁。

(10)　J. リップナック・J. スタンプス／正村公宏監／社会開発統計研究所訳（1984）『ネットワーキング』プレジデント社，23頁。

(11)　渡邉洋一（2000）『コミュニティケア研究』相川書房，168頁。

(12)　白澤政和（2014）『地域のネットワークづくりの方法──地域包括ケアの具体的な展開』中央法規出版，3頁。

参考文献

加山弾（2004）「ソーシャル・アクション（社会活動法）の理論と技術」岡本民夫監修『社会福祉援助技術論（下）』川島書店。

久保紘章・北川精一・山口稔編（2002）『社会福祉援助技術論』相川書房。

社団法人日本社会福祉士会編（2012）『改訂　地域包括支援センターのソーシャルワーク実践』中央法規出版。

鳥渕朋子（2009）「日本の地域づくりと社会的企業の可能性──NPO 法人 in ハートなんぐん市場を事例として」田坂敏雄編『東アジア市民社会の展望』御茶の水書房，177〜187頁。

学習課題

　次のインシデントを読んで，考えてみよう。

> 　社会福祉士のAさんは，社会福祉協議会でコミュニティソーシャルワーカーとして働いています。先日，地域住民のBさんが来所し，「隣の家のCさんが夜中まで大きな音で騒いでいる。この前は，うちにお金を借りに来たし，昨日は調味料も借りに来た。いままでそのようなことはなかったのでおかしいし，このような人が地域にいると心配なので，施設に入るように説得してほしい」と興奮気味で話した。

① 　このような相談を受けた場合に，ソーシャルワーカーとして B さんとはどのような話をしたらよいでしょうか。
② 　社会福祉協議会のソーシャルワーカーとして，C さんに支援が必要かどうか判断するためにアウトリーチをした結果，「もの忘れ」「眠れない不安」「近隣からのクレーム」を怖がっていることがわかり，支援が必要だと判断しました。そして，「ここで暮らしたい」という強い意志も確認しました。今後どのように C さんを支援していくことができるでしょうか。

コラム　「共に学び」「共に育つ」ソーシャルワーク

　「人が人を援助する」ということの本質的な意味を日々の実践を通じて考えることがあります。時として，援助する側が援助される側に「支えられている」と実感する場面も少なくありません。生活困窮者自立支援法に基づく各事業における支援対象者の状態像は，これまでの人生のなかで多くの失敗経験や傷つき体験を繰り返し，自己肯定感や自己有用感が十分に形成されず，自尊感情が低下しているために，他者との信頼関係を構築することにつまずき，社会的な孤立に至っている方々が少なくありません。そうした方々が，社会とつながり，再び自らの足で新しい人生を紡いでいくことができるようにさまざまな関わりを試みています。そのなかでも「援助する側」と「援助される側」の境界線が曖昧になる援助場面は，ひきこもりや不登校（以下「社会的孤立者」）という状態の本人とその家族との関わりです。一般的に，こうした社会的孤立者への支援は，本人には直接的に接することが困難であることが多いため，その家族や関係者との間に形成した「信頼関係・援助関係」を利用して，間接的に本人へ働きかけます。私自身も，まずは家族との面談を繰り返し，「夫婦間の合意形成」「両親の自己理解の促進」「発達障害や愛着障害の構造説明」「推奨される対応方法の伝達」「両親の自己肯定感の回復」など家族間の関係性の変化を促しつつ，丁寧かつ誠実に本人へ迫っていきます。本人にたどりつくことができた際には，その方の「興味・関心のあること」「好きなこと」を「一緒に」楽しみ，空間を共に過ごします（テレビゲームをしたり，好きなアニメを見たり，カードゲームをしたりなど）。そのような時間を共有するなかで，本人，両親，関係者（教員や医療機関等）との「連帯感」「一体感」が生み出される感覚に触れることがあります。この感覚は，本人を中心に据え置いた「その方のためのチーム」が編成されてきたということを強く印象づけるだけでなく，援助者自身も「孤独ではない」ことを強く実感させてくれます。この「つながり」のなかには援助者をエンパワメントし，日々の業務で苦悩している援助者を救済してくれる性質が併存しています。「人が人を援助する」そのプロセスのなかでその関係性がいつしか曖昧になり，融合し，「つながり」と「連帯感を伴った共同体」を形成していきます。そして，それが援助者自身を癒し，励まし，人としての成長発達を手助けしてくれていることは間違いありません。人は「支え支えられ生きている」という真理に触れることができるのは，ソーシャルワーク実践の魅力であることは間違いないです。

　鈴木　光（岐阜県美濃加茂市生活困窮者自立相談支援窓口「心と暮らしの相談窓口」）

第11章

ソーシャルワーク教育における体験的学び

　本章では，ソーシャルワーカーの成長のために求められる「ソーシャルワーク教育における体験的学び」について論じる。ソーシャルワークの支援方法に注目し，その課題を整理したうえで，ソーシャルワーカーとしての成長を促す体験的学びの可能性を展望する。そのうえで，ソーシャルワーカーとしてさらに成長するために必要なスーパービジョンを取り上げる。

　日本のソーシャルワーク教育において，理論と実践の乖離（かけ離れてしまっているということ）が指摘されて久しい。理論なき実践は無謀であり，実践なき理論は空虚である。両者を埋めるソーシャルワーク教育はいかにして可能だろうか。本章では，「面接」と「連携」という2つの技法に注目することで，ソーシャルワーク教育における体験的学びのあり方を具体的にみていく。そのうえで，「上から目線」にならない新しいスーパービジョンの必要性を論じる。

1　実践の学問としてのソーシャルワーク

（1）ソーシャルワーカーとしての成長をめざして

　なぜ私たちは，ソーシャルワークを学ぶのだろうか。私たちは何をめざしてソーシャルワークを学びつづけるのだろうか。ソーシャルワークを学ぶことに目的があるとすれば，それは自身のソーシャルワーカーとしての成長といえるだろう。

　もちろん，大学等の養成校でソーシャルワークを学ぶ初学者であれば，国家試験の合格をめざして学習を進めることなる。周知の通り，日本におけるソー

シャルワーカーは国家資格化されている。社会福祉士は1987（昭和62）年，精神保健福祉士は1997（平成9）年に誕生した。国家資格化されたことのメリットは，ソーシャルワーカーが学ぶべき内容の標準化である。国家資格を保有しているということは，一定水準の知識，技術，価値等を身につけていることの証となる。今日の日本では国家資格を取得することが，ソーシャルワーカーとしての第一歩を踏み出すことを意味する。

　ここで重要なのは，国家試験に合格することだけが目的となってはならないということである。国家試験で評価することができるのは，あくまでもソーシャルワークの知識的側面が中心である。いうまでもなく，ソーシャルワークは実践の学問である。どれだけ知識があっても，それだけではよい実践を行うことはできない。私たちは実践の学問としてのソーシャルワークをどのように学び，成長していけばよいのであろうか。

（2）ソーシャルワークを「学ぶ」ということ

　ところで，そもそも「学ぶ」という行為はどのようなものであろうか。一般的には，教師などそのことに詳しい人から「教えてもらう」ことが，「学ぶ」行為としてイメージされる。大学の授業でいえば「講義を聞く」ことは，学びの最も基本的な形といえるだろう。講義を聞くことで，知らない専門用語や概念，制度的知識，理論を頭に入れ，理解するというのは，わかりやすい学習のあり方である。

　しかし，実践の学問としてのソーシャルワークの学びとしてみた場合，その学習効果は，限定的といえよう。「講義を聞く」だけの学びは，よりよいソーシャルワーカーとして成長していくためには不十分である。それどころか，ソーシャルワーカーとしての第一歩を踏み出すための国家試験合格という最初の目標を達成するうえでも十分とはいえない。「講義を聞く」という学習方法は，学習効果という視点からみると必ずしも高くはないのである。

　ここにラーニングピラミッド（学習ピラミッド：Learning Pyramid）と呼ばれる図がある（図11-1）。これは，学習方法と平均学習定着率の関係を表したものとされている。(1)

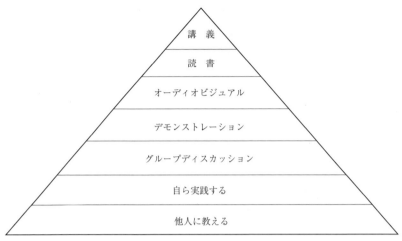

図11-1　ラーニングピラミッド

出典：National Training Laboratories（NTL）.

　この図は，面積の小さい上部ほど定着率が低い学習方法であり，面積が大きい下部ほど定着率が高い学習方法であることを表している。この図の細かい部分については妥当性に疑問が残る。

　しかし，教員からの一方向的な講義を聞くことの学習効果はあまり高くなく，下の方に位置するグループディスカッションや，自ら実践することの学習効果はより高くなるということは，多くの人が納得できるだろう。ラーニングピラミッドの下部で示されている学習方法は，近年，文部科学省も推奨しているアクティブ・ラーニングとも一致する。[2]

　このことは，ソーシャルワーク領域において長年いわれつづけている，「理論と実践の乖離」の問題と関係する。つまり，ソーシャルワークの学術的な理論と現場での実践がかけ離れているのである。当たり前のことであるが，理論なき実践は無謀であり，実践なき理論は空虚といえるだろう。

　ソーシャルワークを「学ぶ」ということだけを考えて，ソーシャルワーカーとして成長をめざすには限界がある。確かに，ソーシャルワークを学び，難解なソーシャルワークの理論を理解することで，ソーシャルワークを「論じる」ことは可能となるかもしれない。しかし，それがソーシャルワーカーの成長に

つながり，よりよい実践ができるようになるとは限らない。

　ここでは，「教える」という視点を差し挟むことで，ソーシャルワークにおける「理論と実践の乖離」を乗り越える可能性をみていきたい。

（3）ソーシャルワークを「教える」ことの難しさ

　実践する学問としてのソーシャルワークを「教える」とは，どのような営みといえるだろうか。それは，少なくとも制度や理論を解説することにとどまらない。

　ソーシャルワークを実践していくためには，支援を行うための技術・方法を身につける必要がある。ここでいう技術・方法は，「なにを，どうすればよいか」というとても具体的なものでなければならない。しかし，そこに矛盾が生じる。「なにを，どうすればよいか」という具体的な内容を教えようとしても，支援の対象となるクライエントによって，その内容は，大きく異なるのである。

　○○という特徴をもつAさんと，△△という特徴をもつBさんでは対応方法は異なる。さらにいえば，○○という同じ特徴を持つAさんとCさんであっても，対応方法は同一ではない。特徴が似ているといっても，AさんとCさんではそれぞれ別の個人である。そのため，AさんとCさんを，それぞれ個別化して支援を行う必要がある。そもそも，個別化した支援をめざすのであれば，具体的な個人を何らかのパターンに当てはめて支援を行うことは適切ではない。

　教えるべきソーシャルワークの内容は具体的なものでなければならない。しかし，その具体的な内容は，あくまでも個別のAさん，Bさん，Cさんへの支援においてはじめて意味をもつ。ここにソーシャルワークを「教える」ことの難しさがあるといえるだろう。

（4）ソーシャルワークにおける体験的学び

　この難しさを克服するためには，どのようにすればよいだろうか。逆説的ではあるが，ソーシャルワークを「教える」という行為をしないこと，すなわち「教えない」ことに，その可能性を見出したい。

　ここでいう「教えない」ということは「何もしない」ということとイコール

ではない。「教えない」ということを意図的かつ積極的に行うことが求められる。「教えない教育」にソーシャルワークにおける積年の課題である「理論と実践の乖離」を乗り越える可能性があるのではないだろうか。[(3)]

　それでは，この「教えない」ソーシャルワーク教育とはどのようなものだろうか。それは「体験的学び」を促進するものといえよう。体験的学びは，ソーシャルワークの実践を具体的にどのように展開すればよいかの雰囲気を味わい，「なるほど，こういう感じでやればよいのか」と感じてもらう学びのかたちである。

　本章では，ソーシャルワークにおいて「教える」ことが難しいとされる面接と連携の技術を例としながら，体験的な学びの可能性を展望したい。

2　面接する技術

（1）ソーシャルワークにおける面接

　ソーシャルワークの実践を行っていくうえで避けて通れない行為として面接がある。ソーシャルワーク面接の最も基本的なスタイルは，個人（個別）面接であり，支援者がクライエントと面と向かって座り，支援者はクライエントが紡ぐ言葉に耳を傾け，支援者はそのクライエントの言葉を受け何らかの応答を行う，というものであろう。

　もちろん，グループ面接として，複数の支援者が一人のクライエントと面接することも，一人の支援者が複数のクライエントと面接することも，支援者もクライエントも複数で面接することもある。また，ソーシャルワーク特有の面接といえる生活場面面接として，ベッドサイドや廊下などクライエントの生活場面で行う面接もある。ここでは議論をシンプルにするため，個人面接を中心にみていきたい。

　近年のソーシャルワークでは，個人を対象としたミクロ領域だけではなく，組織や地域などのメゾ領域，さらには法制度などのマクロ領域を視野に入れた支援が求められている。しかし，最も基本となるのは，ミクロ領域の支援であり，さらにいえばクライエントとの面接といえるだろう。

（2）面接を教えることの難しさ

　ところでこの面接であるが，とても奥が深い複雑な支援的行為である。クライエントが紡ぐどの言葉に注目し，どのような言葉を返していくか，という言語的（バーバル）なコミュニケーションとしてとらえただけでも，無限の可能性がある。さらには，表情や姿勢，仕草など非言語的（ノンバーバル）なコミュニケーションを含めて考えると，さらに奥の深いものとなる。ミクロ領域の支援の基本となる面接は，決して単純でも，簡単なものでもない。よりよいソーシャルワーク面接を行うためには，それなりの学習，トレーニングが必要となる。

　ソーシャルワーク面接の難しさは，どのように面接を行えばそれが「よい支援」となるかはわからないということである。たとえば，その面接が，「誰にとって」よいかを考えるだけでも複雑である。

　不登校支援を例に考えてみよう。学校に行きたくないと考えている児童本人，できれば学校に来てほしいと考えている学校サイド，不登校件数を減らしたい教育委員会，毎朝登校を渋る子どもへの対応に疲れ果てている母親，不登校は単なる甘えだと考えている父親，そしてなんとかしてよい支援を行いたいと考えているソーシャルワーカーと，複数の登場人物がいてそれぞれ異なる思いを抱いている。その思いは，必ずしも一致するものではなく，時に対立する。

　ソーシャルワークの支援は，このように複雑なシステム（関係性，仕組み）のなかで行われるため，何がよい支援なのかという正解を簡単に導き出すことはできない。児童を傷つけるような行為は「悪い」支援といえるだろうが，「よい」支援となると具体的に説明することがとたんに難しくなる。

　このような状況で実施されるソーシャルワーク面接は，簡単ではないが，専門職であれば当然，よりよい面接を行いたいと考える。「不登校支援」と一言でいっても，児童の特性や家庭の状況などは異なり，１つとして同じ「不登校支援」はない。この意味において不登校支援のマニュアルはあまり意味をもたない。さらにいえば，「○○クエスチョン」のような質問技法を覚えたとしても不用意に使えるわけでもない。クライエントとの面接は，リアルタイムで進行し，想定外の方向に話が進むこともある。「このクライエントは，このよう

写真 11-1　面接のロールプレイ（筆者撮影）

に発言するだろう」とシミュレーション（予測）したところで，その予測はたぶん外れる。この意味で，事前に予行練習をすることもできない。

（3）面接技術の体験的学び

さてこのような面接をどのように「教える」ことができるだろうか。すでにみた学びの体系でいえば，覚える，考えるでは面接技術の向上にはつながない。やはり「感じる」という性質の学びである必要がある。学習者は面接場面を体験，体感してもらい，面接の雰囲気やコツのようなものを摑み取ってもらうことの方がより高い学習効果が得られるように思われる。

実際にソーシャルワーク面接を体験的に学んでもらう方法を紹介したい。大学のソーシャルワーク演習や，学外の面接技術の研修で行っているもので，基本的な構成に大きな違いはない。

まず受講者には，うなずき・相槌などの技法以前のリアクションの仕方，ごく一般的な面接の技法，質問技法，助言・指導（アドバイス）の方法などについてレクチャーし，それぞれについて短いロールプレイに取り組んでもらう。その後，面接の「本番」と称して，クライエント役の人は，「自身のリアルなちょっとした悩み」を語り，支援者役の人はその語りに耳を傾けつつ，質問によりさらなる語りを引き出し，助言・指導を行う。その際，面接時の座り方や姿勢のあり方についても気をつけてもらう。

ロールプレイの様子は，ビデオで撮影する。その際，教員は退室する。受講

生は，納得いくまで動画を撮り直し，よりよい「作品」の完成をめざす。教員は退室しているので，動画撮影中の面接技術にコメントすることはしない。そうすることで，受講生は，主体的に面接場面の動画作成に臨む。そこでは，さまざまな工夫が行われる。動画作成終了後，振り返りとして，教場全体で面接場面の動画を共有し，教員は動画を再生しながらコメントを行う。

　教員はこの時点ではじめて動画を見ることになる。受講生が工夫しながら録画した動画に驚かされることは多い。教員がまだ教えていない質問技法等が使われていることもある。教員は，うまくいかなかったところよりも，うまくいったやりとりに注目し，コンプリメント（褒める，労う）を行う。そうすることで，受講生にソーシャルワーク面接の不安を拭い，自信をつけてもらうことが可能となる。

3　連携する技術

（1）連携の重要性と難しさ

　以上みてきたようにソーシャルワークにおける面接技術を「教える」ことは，「体験的学び」が効果をあげる最たるものといえる。この面接技術に加えてもう1つ「教える」のが難しいソーシャルワークの技法を取り上げたい。それは，連携の技術である。近年ではソーシャルワークに限らず，医学，心理学などの対人援助領域，さらには，教育や産業領域においても連携はなくてはならない仕事の技法となっている。今日では，個人技を磨くこと以上に連携するスキルに高い価値が置かれるようになっている。

　そして，ソーシャルワーカーは，他の専門職以上にこの連携する技術が求められている。連携するうえでのキーマンとしての役割が期待されることも少なくない。連携は，他領域に誇れるソーシャルワーク的な技法という整理も可能であろう。

　特に求められるのは多職種（他の複数の専門職）と連携するスキルである。さらにソーシャルワークでは，専門職との連携だけではなく，地域づくりなどの場面で住民との連携も求められる。このように，連携は，ソーシャルワーク領

域における支援において，その重要性を増している。

　こうした連携の作業をスムーズに行うことは容易ではなく，コンフリクト（対立）が生まれ，よりよい支援を阻害してしまうおそれもある。適切に連携し，よい支援を展開することは想像以上に難しい。

（2）連携技術の体験的学び

　今日の対人援助において連携が重要であることはいうまでもない。ソーシャルワークはもちろん，それ以外のどの領域の教科書を読んでも，連携することの大切さが論じられている。しかし，どのようにするとうまく連携できるかという連携技術についてはほとんどふれられていない。他職種を理解する，役割を明確化する，などやるべきこと（目標）を示されていても，やり方（技法）についてはほとんど論じられていないのである。ここで問題となるのは，連携技術を教える方法である。

　注意すべきは，連携すべき対象は多様な特性をもつということである。専門職と連携するか，地域住民と連携するかで異なる。さらには，専門職の職種や，住民が住む地域性でも異なる。同じ職種であってもその特性は同じではない。さらに同じ地域に住む住民であってもその特性はそれぞれ異なる。こうした多様な連携する対象と適切に連携し，よりよい支援を展開していくための技術もその対象によって変わっていく。この意味においてすべての対象とうまく連携する具体的な方法は存在しない。

　この連携技術のコツや雰囲気を学ぶためにも，すでにみてきた面接技術を学ぶのと同様に，体験的学びが必要といえよう。体験的に連携について学ぶ方法として，ペーパータワーやブロック玩具を使ったチームビルディング系のワークは有効である。

　ペーパータワーのワークは，チーム対抗戦で紙を使用しできるだけ高いタワー（塔）を作成するというものである。作戦会議でアイデアを出し合い，どのようにしたら高いタワーを建てることができるかを話し合う。ここで重要なのは，ペーパータワーの作成にはベテランや達人がいないということである。どれだけ熟練のソーシャルワーカーでも，職位の高い人も，ペーパータワーの

写真 11-2　ペーパータワーの連携ワーク
（筆者撮影）

写真 11-3　ブロック玩具の連携ワーク
（筆者撮影）

前では，誰もが素人であり対等である。面白いことに，対等な立場から自由に
アイデアを出し合い，協力することのできたチームのタワーが高くなる。この
ようなペーパータワーづくりを通して対等な関係での連携のコツを学ぶことが
できるだろう。

　ブロック玩具のワークは，チームごとに作品を作るものである。作品のテー
マは，たとえば「庭付きの家（戸建て）」などとし，チームメンバーと連携しな
がら完成をめざす。そこでのルールは，ペーパータワーの時のような作戦会議
はなく，まず誰かが５つのブロックを置き，次の人が続けて５つのブロックを
置き，その次の人がさらに５つのブロックを置き，というように順番でブロッ
クを置いていくというものである。

　この時，雑談することは許可されるが，「○○のような家を作りましょう」
と完成形を示唆するような発言をすることや，「いま，窓を作っている」など
具体的な作業内容について発言することは禁止される。参加者は童心に帰り，
ブロックで作品を作りながら，不明確なゴールをお互いに探りながら連携する
コツや雰囲気を体験する。面白いことに，黙々とブロックを置くチームよりも，
和気あいあいと笑顔を見せ，楽しみながらブロックを置くチームは，工夫が凝
らされ，素敵な作品が完成する。参加者はこのワークを通して，気持ちを寄せ
合い連携すること自体の面白さを経験することができる。

4　スーパービジョン

（1）スーパービジョンの必要性

　本章では最後に，ソーシャルワークにおけるスーパービジョンについて扱いたい。スーパービジョン（supervision）とは，日本語でいえば「監督指導」である。「監督指導」というと堅苦しいが，対人援助職としてのソーシャルワーカーが，成長するために必要な指導を受けることをいう。スーパービジョンにおいて，指導をするものを「スーパーバイザー」，指導を受ける者を「スーパーバイジー」と呼ぶ。短く略して，「バイザー」「バイジー」と呼ばれることもある。

　ソーシャルワーカーは，大学等の養成校を出て，国家資格を取得するだけではまだ一人前とはいえない。資格取得後も，よりよい支援をするために学びつづける必要がある。さらにいえば，ソーシャルワーカーの学びに終わりはない。生涯，学びつづける必要がある。

　また，ソーシャルワーカーとして仕事をしながらも，うまく支援ができず，悩み，苦しむこともあるだろう。そうした場合にも，相談する相手がいることは心強い。支援者も成長をめざし，安定して仕事をしていくためには支援を受ける必要があるのである。

　スーパービジョンには，①教育的機能，②管理的機能，③支持的機能の3つの機能があるといわれている。スーパービジョンの最も代表的な機能は，①教育的機能であるといえよう。教育的機能は，十分な知識と技術をもった人（スーパーバイザー）が，まだ十分にそれらを身につけていない人（スーパーバイジー）に対して教えることをいう。また，②管理的機能は，職場などで管理的立場にあるスーパーバイザーが，スーパーバイジーの管理・調整・評価をすることをいう。③支持的機能は，スーパーバイザーがスーパーバイジーの情緒的側面をサポートすることをいう。いずれもソーシャルワーカーが専門職として成長していくうえで重要な機能といえよう。⁽⁴⁾⁽⁵⁾

（2）「上から目線」にならないスーパービジョン

このように，スーパービジョンは，ソーシャルワーカーが成長していくうえで欠かせない要素として位置づけることができる。しかし残念ながら，日本のソーシャルワークの現場においては，それほど浸透していない。同じ日本でも，臨床心理などの他領域ほど，ソーシャルワーカーがスーパービジョンを受けることは一般的ではない。認定社会福祉士制度においては，スーパービジョンを受けることなどが単位認定の要件となっている[6]が，認定制度を活用しない専門職にとって，スーパービジョンは縁遠いものとなってしまっている。

日本のソーシャルワークにおいてスーパービジョンがなかなか浸透しない背景には，さまざまな要因があると考えられる。そのなかで最も大きい要因と思われるのは，スーパービジョンを「する／される」という行為に対する専門職がもつ苦手意識といえるのではないだろうか。

多くのソーシャルワーカーから，スーパービジョンを受けることを好ましく思うという意見はあまり聞こえてこない。またスーパービジョンをする側にとっても，やり難さを抱えている。スーパービジョンをめぐるこのような状況は，近年一層強くなっているように思われる。

スーパービジョンに苦手意識を抱く背景には，「上から目線（人を見下した言動）」への抵抗があるように思われる。従来であれば，熟練者から助言・指導を受けることは重要な教育な機会であり，「ありがたい」ものとして受け止められてきた。しかし今日では，どれだけ適切で，合理的な助言・指導であったとしても，それが「上から目線」なものとして受け止められてしまう危険がある。この意味におけるスーパービジョンは，パワーハラスメント（地位や権力を利用した嫌がらせ），いわゆるパワハラとして受け止められることもある[7]。

日本のソーシャルワークにおいて，スーパービジョンを浸透させるためには，この「上から目線」にならない新しいスーパービジョンの方法を開発していく必要があるだろう。

注

(1) ラーニングピラミッドはアクティブ・ラーニングを説明する文脈でよく使用されるが，その扱いには注意が必要である。土屋耕治（2018）「ラーニングピラミッドの誤謬」『人間関係研究』17，55〜74頁参照。しかし，学習のあり方のバリエーションを確認することや，「教える」ことの学習的意義を検討するための仮説として使用するうえでは，一定の意義があるだろう。

(2) 文部科学省中央教育審議会（2012）「新たな未来を築くための大学教育の質的転換に向けて（答申）」。

(3) 「教えない教育」については，「正解」のないソーシャルワークをいかにして教えるか，という文脈で論じたことがある。荒井浩道（2017）「"教えない"ソーシャルワーク教育」後藤広史・木村淳也・荒井浩道・長沼葉月・本多勇・木下大生『ソーシャルワーカーのソダチ』生活書院，73〜102頁参照。

(4) Kadushin, A. & Harkness, D. (2009) *Supervision in social work, 5th ed.*, Columbia University Press.（＝2016，福山和女監修／萬歳芙美子・荻野ひろみ監訳／田中千枝子責任編集『スーパービジョン　インソーシャルワーク　第5版』中央法規出版）。

(5) 大谷京子・山口みほ編（2019）『スーパービジョンのはじめかた』ミネルヴァ書房，19〜42頁。

(6) 認定社会福祉士認証・認定機構「認定社会福祉士制度」（https://www.jacsw.or.jp/ninteikikou/　2020年7月19日閲覧）。

(7) 荒井浩道（2019）「"上から目線"にならないスーパービジョン」『ケアマネジメント学』18，22〜31頁。

学習課題

① 実践の学問としてのソーシャルワークの特徴についてまとめましょう。また，ソーシャルワークを「学ぶ」うえで注意すべきことを整理しましょう。

② 具体的なクライエントを想定して面接における言葉のやりとりをイメージしてみましょう。また，インターネットなどを使い，連携の学習に使えそうなワークを探してみましょう。

③ スーパービジョンとは何か，なぜ必要か，どのような種類があるか，どのような課題があるかについて整理しましょう。

コラム　スクールソーシャルワーカーの現状と未来

　2008年度から全国規模でスクールソーシャルワーカー活用事業がはじまって，10年以上経ちました。スクールソーシャルワーカー業務をしながら，日々ヒシヒシと実感していることがあります。それは自治体によって，スクールソーシャルワーカー業務への理解や活用の仕方が統一化されていないことです。さらに，子どもたちや保護者のニーズや雇用する側の教育委員会などの教員が求めている，スクールソーシャルワーカーの人材育成がまだまだ間に合っていないことです。

　自治体によっては，スクールソーシャルワーカーは「つなぐ人」だから，退職校長や元教員や学校事務職や司書経験者，公認心理師や臨床心理士などの心理職がスクールソーシャルワーカーをやってもいいと誤解しているところもあります。しかし，子どもたちや保護者そして教員は，学校の教員や心理職とは違った視点をもった人材を求めています。スクールソーシャルワーカーは「問題は個人と環境との関係性から生まれる」という視点から，子ども本人だけでなく，子どもが日々置かれている家庭的・経済的な環境や地域性，および学校での友人や教員との関係性などを広い視野でアセスメントしていきます。そのため子ども本人との面談・保護者との面談，家庭訪問だけでなく，地域の関係機関スタッフや民生委員も入れたケース会議なども開き，一緒に今後の方針を考えます。そして子ども本人や保護者からのご要望により，行政機関や医療機関などへの同行支援なども行います。

　スクールソーシャルワーカーは，子どもの自己決定力を尊重し，子どもの主体性を保障しながら，子どもたちが潜在的にもっている可能性や真価・本領を発揮するための「伴走者」「子どものパートナー」であり「子どもの未来や夢を応援する人」であることが大切です。また，子どもたちのホンネの想いやニーズである主訴をありのまま承認しながら，ひたすら聴く姿勢をもち，そして「通訳」して，保護者や教員や関係機関スタッフなどに密に報告・連携・相談できることも大切です。

　その子どもが住んでいる地域性に合わせた，子どもを中心にした「家庭・学校・地域とのチーム学校」による支援ネットワークづくりができる，スクールソーシャルワーカーという人材が今，学校教育現場では強く求められています。

池田　恵子（神奈川県教育委員会スクールソーシャルワーカー）

第Ⅲ部

ソーシャルワークの活動

第 12 章

貧困とソーシャルワーク

本章では，「貧困とソーシャルワーク」と題し，貧困のとらえ方，ソーシャルワークの要点，貧困に苦しむ人々へのソーシャルワークやソーシャルワーカーの任務とわが国における課題などを理解することを目的としている。ソーシャルワークは対個人への実践のみではなく，対社会への実践も大きな比重を占める。また，利用できる制度的サービスを活用するのみではなく，生活困難をかかえ苦しんでいる個人へのエンパワメントが重要であることなどを理解する。

1 貧困とは何か

（1）貧困と貧困に苦しむ人々

貧困は，しばしば「古くて新しい問題」と表現される。それは，「貧困問題」[1] が古くから存在し，解決されず，脈々と生きつづけ今日に至っていることを意味している。あるいは，社会福祉やソーシャルワークは「貧困からはじまった」とも表現される。それは，脈々と生きつづける「貧困問題」への対応や貧困に苦しむ人々への支援が，今日の社会福祉やソーシャルワークの体系化につながったということで原点であることを意味している。

かつて，貧困は個人的な要因によるものであるという認識があった。たとえば努力不足であるとか怠惰とか不摂生である。しかし，今日においては，貧困は社会によって生み出されるという認識が一般的である。ゆえに，その対応も慈善事業や相互扶助に基づくもののみではなく，社会的に対応しなければなら

ない。だから，社会福祉実践やソーシャルワーク実践においても，貧困に苦しむ人々に寄り添うことのみならず，貧困は社会の問題であると認識し，社会的に解決されるよう方途を追求しなければならない。

（2）貧困の定義

　貧困を定義することは難しい。また，貧困は社会によって生み出されるものであるなら，歴史や文化や習慣が異なるそれぞれの社会において貧困の様相は異なる。リスター（R. Lister）は貧困について「単一の『正しい』定義というものはない」として，その難しさを以下のように述べている。「貧困をどう定義するかは，その概念を政治的・政策的・学問的に議論する際に，決定的に重要である。定義は解釈と密接な関係にあり，言外にあるべき解決策をふくんでいる。価値判断も含まれる。定義は社会科学的な活動としてだけでなく，政治的・実践的な活動としても理解されなければならず，それゆえ論争の種となることが多い」[2]。

　リスターが述べるように，貧困の定義は，解釈と解決策と価値判断が含まれ，政策的な対応策の確立や展開など，政治的，実践的な活動としても理解する必要があるから，万国共通の定義は存在しない。一方で，貧困や貧困に苦しむ人々への支援などに政策的に取り組もうとするなら，どのような状態が貧困か，どれだけ貧困が分布しており，どのような要因によるのかなどの客観的な基準が必要である。その研究も古くから進められており，その成果が貧困の定義として理解されている。最もよく知られているのは「絶対的貧困」と「相対的貧困」の定義である。

　「絶対的貧困」とは，ラウントリー（B. S. Rowntree）の貧困調査によるものである。ラウントリーは，当時の生理学や栄養学の知見を援用し，単に「肉体的能率を保持するために必要な最小限度」の支出の基準を設定し，収入がその基準にすら足りない場合を「第一次貧乏」とし，家計のやりくりなどで何とか肉体的能率を保持することができる場合を「第二次貧乏」とした。そして，これら基準による貧困の分布を明らかにし，さらに年齢による分布に着目して，人生には，自らの子どもの時期，自らが子どもを育てる時期，そして仕事を引

退し収入が途絶える老齢の時期の３つの時期に貧困に陥る可能性があることを見出した[3]。

　ラウントリーの基準は，趣味，嗜好や慣習に関する支出（たとえば新聞を購読するなど）は一切認められておらず，単に肉体的能率を保持するために必要な最小限度の食物などの支出のみに限られており，人間の肉体的維持や動物的生存の側面が強いため「絶対的貧困」とされる。

　一方，「相対的貧困」とは，タウンゼント（P. B. Townsend）の貧困研究によるものである。タウンゼントは，「相対的剝奪」という概念を用いて貧困のとらえ方を広げた。タウンゼントは，単に経済的側面ではなく，それぞれの社会にある生活様式に着目し，その社会で当然とされる習慣の獲得や社会活動への参加のための金銭等の資源がないことや，資源がなく生活水準が低いためにそれらから締め出されていることを相対的に剝奪された状態ととらえ，それを貧困とした。たとえば，友人を招いての食事や，友人宅を訪問しての食事，子どもの誕生日パーティーの開催，家庭外での休日，水洗トイレや風呂やシャワーなどの設備なども含めて，その社会にある生活様式や当然とされる習慣や社会活動への参加から締め出されていること，相対的に剝奪されていることを貧困としているため「相対的貧困」とされる[4]。

（3）貧困の基準

　貧困の定義が多様にあるとしても，貧困に対し何らかの対応策を確立しようとすれば，貧困を把握することが必要であり，そのためにはその人や家族が貧困であるのか，そうではないのかの判断の基準が必要となる。たとえば，わが国においては，生活保護制度が存在し，そこで設定される最低生活費の基準以下の状態にある人々を貧困状態にあるとして支援の対象としたりする。貧困の基準は，貧困の状態にある人々の数を把握し，深刻さを測定するもので，国際比較としても重要である。

　今日，最も用いられる貧困の基準は，いわゆる「相対的貧困率」と呼ばれるものである。相対的貧困率とは，厚生労働省によれば[5]，「一定基準（貧困線）を下回る等価可処分所得しか得ていない者の割合」であり，その一定基準は「等

価可処分所得（世帯の可処分所得（収入から税金・社会保険料等を除いたいわゆる手取り収入）を世帯人員の平方根で割って調整した所得）の中央値の半分の額」を指す。この算出方法は OECD（経済協力開発機構）の作成基準に基づいており，数の把握や深刻さの測定や国際比較に用いられる。

2　ソーシャルワークとは何か

（1）ソーシャルワークのグローバル定義

　先に述べたように，解釈と解決策と価値判断が含まれ，政策的な対応策の確立や展開など，政治的，実践的な活動としても理解する必要があるがゆえに定義が困難な「貧困」とは異なり，「ソーシャルワークとは何か」という問いは難しい問いではない。本書第2章および第3章に詳述されているが，それは国際組織である IFSW（国際ソーシャルワーカー連盟）が1928年から存在し，2020年現在129か国が加盟しており，わが国においては，ソーシャルワークの主要な職能団体である日本社会福祉士会，日本精神保健福祉士協会，日本医療社会福祉協会，日本ソーシャルワーカー協会が IFSW に加盟しており，それら主要な国内団体が，IFSW が2014年に定義した「ソーシャルワーク専門職のグローバル定義」を承認しているからである[6]。

　この IFSW の「ソーシャルワーク専門職のグローバル定義」には「注釈」が付されており，その要点は以下の通りである[7]。

　1つは，ソーシャルワーク専門職の任務は，「社会変革」「社会開発」「社会的結束」「エンパワメント」と「解放」の5つであるということである。2つは，ソーシャルワークが「人間の内在的価値の尊重と尊厳の尊重，危害を加えないこと，多様性の尊重，人権と社会正義の支持」を大原則とするということである。3つは，ソーシャルワーク専門職は，「複数の学問分野をまたぎ」「広範な科学的諸理論および研究を利用する」のであり，その諸理論は西洋の理論のみならず，先住民など「民族固有の知」も重視するということである。4つは，ソーシャルワーク専門職の実践においては，「ソーシャルワークの参加重視型の方法論」を採用し，「『人々のために』ではなく，『人々とともに』働く」

という考え方を採用するということである。これらに基づき，ソーシャルワーク専門職は，「不利な立場にある人々と連帯しつつ，この専門職は，貧困を軽減し，脆弱で抑圧された人々を解放し，社会的包摂と社会的結束を促進すべく努力する」のである。

（2）ソーシャルワークの専門価値

　今日においては，ソーシャルワーク実践の共通基盤を構成する要素として，「価値」「理論」「技術」が挙げられており，あるいは，ソーシャルワークの専門性として，「ソーシャルワークの専門価値（Values）」「ソーシャルワークの専門機能（Functions）」「ソーシャルワークの専門知識（Knowledge）」「ソーシャルワークの専門技術（Skills）」が挙げられているが，いずれにしても，「ソーシャルワークの専門価値」は，実践の根底にある最も重要なものであり，知識や技術と並列されるものではなく，「最もゆるがせにできない部分」であるとされる。それは，ソーシャルワーク専門職が，専門知識や専門技術を駆使して発揮する専門機能も，その根底にある専門価値が歪んでいれば，人々に不利益を与えることになるからである。

　ソーシャルワークの専門価値については，本書第3章で詳述されている日本ソーシャルワーカー連盟の「ソーシャルワーカーの倫理綱領」に明確に示されており，「人間の尊厳」「人権」「社会正義」「集団的責任」「多様性の尊重」「全人的存在」などである。

　これらソーシャルワークの専門価値に基づき，ソーシャルワーク専門職のグローバル定義で示された「社会変革」「社会開発」「社会的結束」「エンパワメント」と「解放」という任務を，ソーシャルワークの大原則を守りながら，広範な諸科学の理論や研究を利用して，人々と共に働くのがソーシャルワーク専門職である。

（3）日本におけるソーシャルワークの課題

　今日，わが国においては「ソーシャルワーク」と「社会福祉」を同義語，あるいは社会福祉の英訳がソーシャルワークであるかのごとく理解されている場

合が見受けられるが，基本的には「似て非なるもの」という理解が重要であり，いくつかの違いを理解しておくことがソーシャルワークの理解につながる。

　たとえば，わが国における各種の社会福祉に関する法律や制度の土台となる最高法規は日本国憲法であるが，日本国憲法には「すべて国民は」とあり，具体的には国籍を問うている。一方，本書第3章で詳述されているソーシャルワーカーの倫理綱領に示された専門価値の「人間の尊厳」でみたように，すなわち，ソーシャルワーカーは，すべての人々を，出自，人種，民族，国籍，性別，性自認，性的指向，年齢，身体的精神的状況，宗教的文化的背景，社会的地位，経済状況などの違いにかかわらず，かけがえのない存在として尊重するとあり，ソーシャルワークにおいては，国籍は問わないとされている。これは，わが国においては，たとえば，生活保護制度において，いわゆる在留外国人でも生活保護制度は利用できるが，それは人道的見地からであり，「外国人に対する保護は，これを法律上の権利として保障したものではなく」とあり，権利性がないことが課題となる。

　あるいは，日本国憲法第25条は「すべて国民は，健康で文化的な最低限度の生活を営む権利を有する」と規定されるが，そこで保障されるのは健康で文化的な「最低限度」の生活である。一方，本書第3章で詳述されているソーシャルワーク専門職のグローバル定義でみたように，そこには「ウェルビーイングを高める」とあり，最低限度ではなく「より良い状態」をめざすことが求められる。

　さらには，社会福祉士及び介護福祉士法において定義されている社会福祉士の任務は，「身体上若しくは精神上の障害があること又は環境上の理由により日常生活を営むのに支障がある者の福祉に関する相談に応じ，助言，指導，福祉サービスを提供する者又は医師その他の保健医療サービスを提供する者その他の関係者（中略）との連絡及び調整その他の援助を行うこと」（社会福祉法及び介護福祉法第2条）であり，対個人への視点が比重を占め，一方，先にみたようにソーシャルワークの任務は，「社会変革」「社会開発」「社会的結束」「エンパワメント」と「解放」であり，対社会への視点が大きな比重を占めている。あわせて，精神保健福祉士は，その実践において主治医の指導を受けなければ

ならないと定められており（精神保健福祉士法第41条），一方，ソーシャルワークは「その人とともに」実践するのである。

　何よりも，ソーシャルワークはいわば「グローバルスタンダード（世界標準）」であり，日本という枠を超え，さまざまな国の規範や，思想や宗教，価値観等の枠を超え，グローバルな考え方や原理・原則のもとに決められた普遍的規範にその基本を置くとされる。

　これらは，どちらが好ましいとか，適しているとか，正しいとかではなく，そのような違いがあるということを理解しておくことが重要なのである。

3　貧困に対するソーシャルワーク実践

（1）貧困に対するソーシャルワークの役割

　IFSW は2010年に「貧困撲滅とソーシャルワーカーの役割に関する国際方針書」（以下「国際方針書」）を発出しており，そこには貧困緩和へのアプローチやソーシャルワーカーの役割，政策声明などが示されている。[13]

　国際方針書によれば，貧困には3つの段階があり，それは「極度の貧困」（食料，水，住居や衣類，あるいは教育など，生存のための基本的ニーズが満たされていない状態），「中程度の貧困」（基本的ニーズを満たしているのみの状態），「相対的貧困」（先進国で家計が国民所得の一定の割合を下回っている状態）であり，ソーシャルワークの展開にとって重要な考え方として，「極度の貧困」の3つの側面を示している。すなわち，「収入における貧困」（ホームレスや飢餓や健康管理の欠如に陥る可能性），「人間開発における貧困」（健康，教育と訓練，情報と雇用へのアクセスなど権利侵害が起こる可能性），「社会的排除」（孤立に陥ったり，疎外される可能性）であり，特に教育や訓練については，発展途上国でも先進国でも貧困から抜け出す主要な手段であるとしている。また，貧困に苦しむ人々への相談やさまざまな集団の参画が貧困の緩和には重要な要素であり，市民団体などの他の関係者と協力すること，直接的な物質的支援のみならず，貧困の根本的原因に照準を据えて取り組むこと，対個人や家族のみならず，経済的不平等とか不条理な政策とか慣習を助長するような社会的側面への努力やそれらの撤

廃などへの責任があるとしている。さらには、ソーシャルワーカーの役割として、貧困に苦しむ人々や集団が自らの状況を理解し、自らの行動変容や環境への働きかけが行えるよう活動することや、その地域や社会の医療、教育、労働などに関する社会資源や機会を強化することにより、そしてこの両者が補強し合うことによって効果的な貧困撲滅への対処が行えるのであり、それらが貧困に対するソーシャルワーカーの役割であるとしている。

（2）わが国おける貧困への視点と支援

　IFSW の国際方針書で述べられていることは、わが国における貧困研究や貧困に苦しむ人々への実践の長い歴史からもみてとれる。
　江口英一は現代の貧困を「包括的な意味の貧困」とし、そこでは生活保護基準以下の生活水準とあわせて、「人なみの生活条件」が剝奪され、孤立的であるとしており、また社会的共同消費財の欠如を指摘している。高野史郎は、戦前の多子多家族は寄合的な共同生活が可能で、窮乏的生活水準ではあっても生活保障機能をもっていたが、戦後は核家族化や住宅難のために親子兄弟の共同生活は困難となり、そこから得られた生活保障機能が失われたと指摘している。真田是も生活保護基準以下ではないが、生活基盤の脆弱さや家族関係での問題などが、今は貧困状態ではなくとも貧困と隣り合わせであるとしている。
　また、主に生活保護実践の現場からは、今日でいうところの多職種連携や地域の力を重視した実践が展開されていた。たとえば、寝たきりの親と知的障害の2人の娘の家族が地域での生活を再開しようとした時、医師、看護師、保健師、ホームヘルパー、民生委員、栄養士、老人福祉員、隣組の世話人、地域のボランティアなどが連携してその家族を支援している。あるいは、認知症の母親と精神障害の妹を懸命に支える姉という家族の支援から、いつでも相談できる関係や場所の必要と、多くの人がその家族に関心をもつ状況を作り出すことが、地域での生活を支えるうえで大切だと担当の生活保護ケースワーカーは痛感している。障害をもつ子どもを抱え、家庭以外に子どもを連れ出す場もなく、医療や教育への不信から子どもをどうするかということを全く諦めていた親たちに、在宅訪問活動の展開と通所施設づくりを実現した生活保護ケースワー

カーは，生活保護ケースワーカーがそのような仕組みや場をつくることに関わることの重要性を指摘している。そして，生活保護制度における自立助長やケースワークは，単に就労指導から収入の増を経て収支認定にとどまり，生活保護から離れることをめざすのではなく，それを対象者の本源的権利としてとらえ，①人格的自立，②日常生活の自立，③労働における自立，④経済的自立としてとらえるべきだとしている。あわせて，白沢久一らによっては単に経済的支援のみならず，貧困に苦しむ人々の生活技術などを中心とした「生活力の形成」[18]や人間関係や社会関係などを重視した「生活関係の形成」[19]の必要性が説かれ試行されていた。

　また，「貧困問題」のみならず，いわば社会福祉に関する課題に対する考え方も変遷し，たとえば，大橋謙策は，高度経済成長以降，社会福祉問題は従来の賃労働に基づく問題のとらえ方や自助の原則が崩壊した特定の層だけの問題といったとらえ方では整理できなくなったとして，公害問題など自助の原則や特定の層に関係なく直面することや，都市化や核家族化，共同消費財の未整備により，地域社会がもっていた精神的・経済的互助作用が崩壊し「家族のショック・アブソーバー（緩衝装置）」，すなわち，孤立に陥らないための交流，ちょっとした相談を受ける関係や空間，母親が用をたすための子どもの一時的な預かりなどが皆無になったとして，事態は深刻化し，地域住民すべての人の課題となり，地域的に解決しなければならなくなったとしている。[20]

（3）わが国における貧困に対するソーシャルワークの課題

　わが国においては，いわゆるワーキングプア，フリーター，ニートなどの数の増大や，相対的貧困率の高さ，増加しつづける生活保護受給者数や，そのなかでの稼働年齢層の増加，あるいは，いわゆるホームレス問題，孤立や孤独，自殺や虐待，アルコールやギャンブルの依存症の問題が深刻化し，これらの問題に対する国レベルでの対応は，主として2000年代から展開された。「社会的な援護を要する人々に対する社会福祉のあり方に関する検討会報告書」における社会的なつながりの創出のための多職種連携や協働などの提言，[21]「生活保護制度のあり方に関する専門委員会報告書」[22]やホームレスの自立の支援等に関す

る特別措置法で謳われた「自立支援」の展開，「生活保護受給者の社会的居場
所づくりと新しい公共に関する研究会」や「第二のセーフティネット」として
各種の支援策が展開され，今日では，生活困窮者自立支援法という新たな法律
の制定に至り支援策が展開されている。

　しかし，述べたような貧困への視点や支援は，今日においてもわが国で十分
に活かされているであろうか。ホームレスの自立の支援等に関する特別措置法
のもとで展開された自立支援プログラムは，施設に収容し，そのなかでの生活
のすべてを管理し，就労による自立をめざしたものであった。そこでは，人間
関係の回復と地域社会とのつながりの回復が課題として挙がっていた。生活保
護制度のあり方に関する専門委員会報告書が示した生活保護制度における自立
支援プログラムは，経済的自立支援がその主なものであり，日常生活自立支援
や社会生活自立支援は質，量ともに十分ではないことが報告されている。そし
て，今日展開されている生活困窮者への支援体系は，生活保護の受給に至らな
いようにするために，就労に関する支援を展開しようとしており，そこには従
来のような個人のみをみて，自助の原則に基づき，社会関係や地域との関係に
目が向けられていないという危惧がある。

　一方で，わが国においても優れた実践は存在する。たとえば，居場所づくり
や地域づくり，生活保護受給者の関係性を豊かにすることをめざした釧路チャ
レンジや，包括的で伴走型の支援を民間団体との協働で取り組んだ埼玉県の生
活保護受給者チャレンジ支援事業，あるいは，いわゆるひきこもり状態にある
人々に，家庭以外の社会的な居場所，交流の場をつくりあげた藤里町社会福祉
協議会の実践などがあるが，一部の地域にとどまっているのが現状であろう。

　これらの根底には，人々を支配するいわば伝統的価値観が課題としてあると
考えられる。「働かざる者食うべからず」であるとか，困難に陥ったのは自ら
の責任であるという「自己責任論」であるとか，困難に陥った者の支援は家族
が担うべきであるという「家族主義」などである。これらわが国に固有の伝統
的価値観からの「解放」がソーシャルワークの課題である。また，往々にして
困難に陥った者は，疲弊し打ちひしがれ意欲を喪失しており，ゆえに人に相談
することはしない傾向があるが，わが国の社会福祉制度は，本人自らが申請し

てはじめて開始される「申請主義」が中心となっており、これが課題である。申請に赴かないからといって困難に陥っていないということではない。利用できるサービスを「知らない」のかもしれないし、あるいは、知っていても「利用したくない」のかもしれない。さらにはもはや気力を失い自暴自棄になり負の選択を行っているのかもしれない。ゆえに、ソーシャルワークは「待ち」の姿勢ではなく、自ら出向いて把握するニーズキャッチやアウトリーチを行うことが重要であり課題でもある。さらには、貧困は単にそれのみで単一に存在しているのではなく、離婚や暴力や犯罪や自殺などとも関連づけてとらえねばならず、ゆえにその対応や支援についても多職種・多機関連携を重視し包括的な支援を展開しなければならない。また、貧困に苦しむ人々は、人間関係や社会関係が脆弱であるがゆえに貧困に陥り、あるいは、貧困に陥ったがゆえに人間関係や社会関係が希薄化し孤立的である。単に経済的側面の支援を行い「在宅生活」を維持することのみならず、人間関係や社会関係を重視し、地域社会の一員としての「地域生活」を再構築していく支援が求められる。

　実践現場においては、往々にして、いわゆる「利用者主体」や「利用者本位」ではなく、いわば「支援者主体」や「制度本位」になっている場合がある。たとえば、本人の意向に沿うのではなく、家族の意向に沿って実践している場合などがある。ソーシャルワーク実践においては、あくまでも困難に陥っている本人が主体であり、本人が力を発揮して困難な状況に立ち向かっていくことが重要である。そしてソーシャルワーカーはそのための支援をその人と「ともに」に、その人に寄り添って実践するのである。

　「社会変革」「社会開発」「社会的結束」「エンパワメント」と「解放」を任務とするソーシャルワークが「貧困問題」に対する時、それは、貧困に苦しむ人々が、自らの生活を客観化できるように、自らのニーズを自覚できるように支援することで、その人々が意欲や希望を見出せるようエンパワメントすることであり、また、それらを阻害する偏見や差別や社会制度の不備などを是正することなのである。

注

(1)　社会福祉実践なりソーシャルワーク実践において，何かを「問題」ととらえる際，それは往々にしてとらえる側の主観が含まれている。ソーシャルワークの原則である「あるがままを受け入れる」には，その主観からも解放される必要があり，「問題」ととらえる際には注意が必要である。その意味を込めて，本章では貧困を問題ととらえる際，便宜的に「」を付して表現することとする。

(2)　ルース，R.／松本伊智朗監訳／立木勝訳（2011）『貧困とはなにか——概念・言説・ポリティクス』明石書店，28頁。

(3)　ラウントリー，B. S.／長沼弘毅訳（1959）『貧乏研究』ダイヤモンド社，331〜337頁。

(4)　ウェッダーバーン，D. 編著／高山武志訳（1977）『イギリスにおける貧困の論理』光生館。

(5)　厚生労働省「国民生活基礎調査（貧困率）よくあるご質問」（https://www.mhlw.go.jp/toukei/list/dl/20-21a-01.pdf　2020年10月19日閲覧）。

(6)　現在，わが国においては，IFSW との連絡，国際会議への参加，政策的事項等に関する日本国としての統一的見解を集約し，決定するものとして「日本ソーシャルワーカー連盟」が組織され，日本社会福祉士会，日本精神保健福祉士協会，日本医療社会福祉協会，日本ソーシャルワーカー協会が会員となっている。日本ソーシャルワーカー連盟（2020）「団体概要」（http://jfsw.org/introduction/outline/　2020年10月19日閲覧）参照。

(7)　特定非営利活動法人日本ソーシャルワーカー協会（2017）「ソーシャルワーク専門職のグローバル定義，グローバル定義のアジア太平洋地域における展開，グローバル定義の日本における展開について」（http://www.jasw.jp/news/pdf/2017/20171113_global-defi.pdf　2020年10月19日閲覧）。

(8)　横山譲（2016）「ソーシャルワークの価値と倫理」岡本民夫監修／平塚良子・小山隆・加藤博史編『ソーシャルワークの理論と実践——その循環的発展を目指して』中央法規出版，65頁。

(9)　北島英治（2008）『ソーシャルワーク論』ミネルヴァ書房，37頁。

(10)　野村豊子（2000）「ソーシャルワークの価値観」野村豊子・北島英治・田中尚・福島廣子『ソーシャルワーク・入門』有斐閣，250頁。

(11)　日本ソーシャルワーカー連盟は，日本社会福祉士会，日本精神保健福祉士協会，日本医療社会福祉協会，日本ソーシャルワーカー協会で組織され，「ソーシャルワーカーの倫理綱領」については，2005（平成17）年に制定され，2020（令和２）年に改訂されて今日に至っており，2005（平成17）年の倫理綱領では「価値と原則」が，2020（令和２）年の改訂された倫理綱領では「原理」となっている。日本ソーシャルワーカー協会（2020）「ソーシャルワーカーの倫理綱領」（http://www.

jasw.jp/about/rule/　2020年10月19日閲覧）参照。

⑿　厚生労働省社会・援護局長通知「『生活に困窮する外国人に対する生活保護の措
置について』の一部改正等について（通知）」（https://www.mhlw.go.jp/web/t_
doc?dataId=00tb9594&dataType=1&pageNo=1　2020年10月19日閲覧）。

⒀　国際ソーシャルワーカー連盟編著／特定非営利活動法人日本ソーシャルワーカー
協会・国際委員会翻訳（2011）『国際ソーシャルワーカー連盟（IFSW）ポリシー
ペーパー（国際方針文書）』特定非営利活動法人日本ソーシャルワーカー協会。

⒁　江口英一（1979）「現代の『低所得層』上」『戦後日本貧困問題基本文献集　第Ⅱ
期　第11巻』日本図書センター，10〜22頁。

⒂　高野史郎編（1970）「現代の貧困と社会保障」『戦後日本貧困問題基本文献集　第
Ⅱ期　第12巻』日本図書センター，15〜25頁。

⒃　真田是（1979）「貧困と生活不安の理論」小倉襄二・真田是編「貧困・生活不安
と社会保障」『戦後日本貧困問題基本文献集　第Ⅱ期　第13巻』日本図書センター，
38頁。

⒄　福祉事務所現業員白書編集委員会（1981）「いのちの重みを背負って　福祉事務
所現業員白書」『戦後日本貧困問題基本文献集　第Ⅱ期　第15巻』日本図書セン
ター。

⒅　白沢久一・宮武正明（1984）『生活力の形成――社会福祉主事の新しい課題』勁
草書房。

⒆　白沢久一・宮武正明（1987）『生活関係の形成――社会福祉主事の新しい課題』
勁草書房。

⒇　大橋謙策（1986）『地域福祉の展開と福祉教育』全国社会福祉協議会。

㉑　厚生省（2000）「社会的な援護を要する人々に対する社会福祉のあり方に関する
検討会」報告書（http://www1.mhlw.go.jp/shingi/s0012/s1208-2_16.html　2020年
10月19日閲覧）。

㉒　厚生労働省（2004）「生活保護制度の在り方に関する専門委員会」報告書（http:
//www.mhlw.go.jp/shingi/2004/12/s1215-8a.html　2020年10月19日閲覧）。

㉓　厚生労働省（2002）「ホームレスの自立の支援等に関する特別措置法」（http://
www.mhlw.go.jp/stf/seisakunitsuite/bunya/hukushi_kaigo/seikatsuhogo/homeless/
2020年10月19日閲覧）。

㉔　厚生労働省（2010）「生活保護受給者の社会的な居場所づくりと新しい公共に関
する研究会報告書について」（http://www.mhlw.go.jp/stf/shingi/2r9852000000g7
zj.html　2020年10月19日閲覧）。

㉕　厚生労働省（2013）「『第二のセーフティネット支援ガイド』のリーフレットとパ
ンフレット」（http://www.mhlw.go.jp/bunya/koyou/employ/taisaku2.html　2020
年10月19日閲覧）。

⑶　厚生労働省（2015）「生活困窮者自立支援制度について」（https://www.mhlw.go.jp/stf/seisakunitsuite/bunya/0000059382.html　2020年10月19日閲覧）。

⑵　加美喜史（2002）「ホームレス問題の現状と課題」寺久保光良・中川健太朗・日比野正興『大失業時代の生活保護法』かもがわ出版，118頁。

⑵　新保美香（2010）「生活保護『自立支援プログラム』の検証――5年間の取り組みを振り返る」『社会福祉研究』109，2～9頁。

⑵　釧路市福祉部生活福祉事務所編集委員会（2009）『希望をもって生きる　生活保護の常識を覆す釧路チャレンジ』全国コミュニティライフサポートセンター。

⑶　埼玉県アスポート編集委員会（2012）『生活保護200万人時代の処方箋～埼玉県の挑戦～』ぎょうせい。

⑶　藤里町社会福祉協議会・秋田魁新報社（2012）『ひきこもり　町おこしに発つ』秋田魁新報社。

学習課題

①　「貧困とは何か」を経済的側面以外から考えてみよう。

②　貧困を苦しむ人々への支援をソーシャルワークのグローバル定義に基づいて考えてみよう。

═══════ **コラム　ソーシャルワーカーの感性** ═══════

　ソーシャルワーカーは，その専門価値や専門知識や専門技術が必要ですが，それとあわせて，ソーシャルワーカー自身の感性や生活感覚が重要となります。貧困の絶対的定義や相対的定義の議論でよく用いられるものに「紅茶は必要かどうか」という問いがあります。それは人間の栄養的側面にとっては必要ないものであり，一方，人間の社会的側面にとっては来客に紅茶を出すということは必要なものであるということです。今日においては，貧困の絶対的定義においても，紅茶の重要性は指摘されていたという認識が一般的ですが，いずれにしてもソーシャルワーカーとしては，その紅茶の重要性に気づけるかどうかです。すなわち，困難に陥っている本人の人間関係，社会的な居場所や役割，あるいはその人が大事にしている習慣などに気づき，それを重視できるかどうかです。たとえば，貧困状態に陥り苦しんでいる人々は，往々にして孤立しており家族や知人との縁が切れている場合が多いです。その人々の人間関係を豊かにしていこうとすれば，具体的にはどのような人間関係を豊かにしていけばよいのでしょうか。

　ハウス（J. S. House）は，ソーシャルサポートを4つに分節化して考察していますが，それは，①情報的サポート：生活に役立つちょっとした情報を提供してくれる人が身近にいるかどうか，②手段的サポート：生活に必要なちょっとしたことを手伝ってくれる人が身近にいるかどうか，③情緒的サポート：たとえば季節折々の行事を一緒に楽しむ人が身近にいるかどうか，④評価的サポート：当人を褒めてくれる人，励ましてくれる人が身近にいるかどうか，などです。われわれには必ずそのような人間関係があります。あまりにも当たり前すぎてその重要性に気づかないかもしれませんが，そのような日常生活における感性や生活感覚を重視する必要があるのです。なぜならば，われわれソーシャルワーカーは，治療や指導をするのでなく，その本人の日常生活が「よりよい状態」になるよう，その本人に寄り添い，ともに働く専門職だからです。

高石　豪

第13章

災害とソーシャルワーク

　本章では，災害時におけるソーシャルワークの概要について学ぶ。2011（平成23）年の東日本大震災をはじめとして，近年，日本各地で地震による土砂災害や台風による水害など，大きな被害が毎年のように続いている。災害がもたらす環境の劇的な変化により人々の暮らしが壊れた時，ソーシャルワークはどのような役割を果たすことができるのか。災害により生活が一変した人々の暮らしの移ろいもふまえながら，災害発生時のソーシャルワークの方法や特徴について学ぶ。

1　災害時における被災者の生活

（1）フェーズでとらえる被災者の生活と支援ニーズ

　フェーズ（phase）とは，「段階」や「局面」「時期」を意味する。災害に伴う状況の変化もフェーズとしてとらえている。災害時の急激な状況の変化により，支援ニーズの特徴も異なることから，災害福祉支援では災害発生直後から復興までの時期のそれぞれをフェーズとしてとらえることで状況把握の目安にしている。

　また，災害時の保健医療福祉領域の活動は同時進行することも多く，相互に関係してはいるが，フェーズの考え方に領域ごとの異なりをもっている。本節では，社会福祉法人全国社会福祉協議会が示した災害時福祉支援活動における生活フェーズを参考に，発災直後であるフェーズ1から復興期であるフェーズ5までのそれぞれについて概説する（図13-1）。

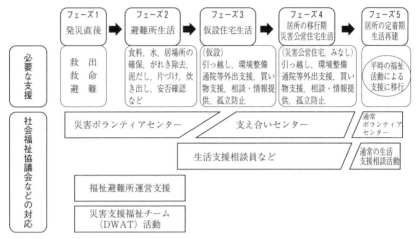

図 13-1　災害時福祉支援のフェーズ

出所：全国社会福祉協議会地域福祉推進委員会（2019）『被災地に対する社協ネットワークの役割と支援の提案——社協の法人運営と事業・活動の継続に向けて』2頁の図を一部改変。

（2）発災直後から避難所生活へ

① フェーズ1（発災・緊急期）　発災直後

　大規模災害時は，ライフライン等が破壊され極度の混乱状態に陥ることになる。地震による家屋の倒壊や大規模河川の氾濫など，社会環境や生活環境が大きく破壊され，生命の危機も伴う場合も想定される。緊急避難するための行動をとる必要が生じるが，避難所には人があふれかえり，居場所を探して福祉施設などに避難先を求めることもある。心身ともに極度のストレス状態にさらされることになることは避けられない。

② フェーズ2（発災後2〜3日・応急期）　避難所生活

　発災から数日が経過すると，介護など支援を要する人のために福祉避難所が設置され，避難所から移動する場合がある。避難所で生活を送る場合，被災以前の生活に比べて衣食住のすべてにおいて不都合が生じる。また，避難所の利用法についても，避難所で全日過ごす人，日中は自宅に戻り夜間は避難所で過ごす人，避難所に入らず（入れず）に車中泊やテント泊をする人もいる。多くの人々であふれた避難所は，ストレスを受けやすく，不眠，疲労感から苛立つ

人も見受けられ二次被害のリスクが高まる。人々が高ストレス状態にある避難所では，特に，障害のある人や女性・子どもにとって多様なリスクが高まるため，十分な配慮が必要である。

（3）仮設住宅生活から住まいの移行期・災害公営住宅生活へ

①　フェーズ3　仮設住宅生活

　避難所での生活を経て，仮設住宅等の仮住まいに生活の場を移すことになるが，本人の意に沿わない度重なる居所の変更は，リロケーションダメージ（生活環境の大きな変化によりもたらされる身体的・精神的・社会的な負荷）が大きく心身ともに疲弊する。特に高齢者など災害時要配慮者の場合，心身の健康を著しく損なう可能性も高い。また，住み慣れた街を離れた新たなコミュニティにおいて，近隣住民との交流に乏しい環境に置かれた場合は，孤立傾向が一層顕著になる。孤立回避の工夫として，東日本大震災時には，可能な限り避難元の住民同士が同じ仮設住宅に入居できる配慮などコミュニティを維持する試みもみられた。しかし，完全な孤立の回避は困難であるため孤立死する人がいるなど悲しい出来事もみられた。

②　フェーズ4　住まいの移行期・災害公営住宅生活

　仮設住宅等の生活期間を経て，自宅再建あるいは災害公営住宅等へ生活拠点を移行するため，生活環境に大きな変化が生じる。さらに，長期間の仮設住宅における生活期間があった場合，世帯分離や若い世代の他所への転出などもある。新たにコミュニティを再構築する必要がある地域もあり，地域住民はもちろんのこと，各種団体との連携や協働を促進することが必要である。仮設住宅等でようやく築かれたコミュニティを再解体することにより生じる生活世界の瓦解の影響は計り知れない。

（4）住まいの定着期・生活再建

　生活の再建に向け，自宅再建あるいは公営住宅等へ生活拠点を移行した後，新しい環境に順応する時期（フェーズ5）である。顔馴染みの人々との暮らしを再構築しようとする地域もあれば，避難前の地域から新しいコミュニティに

居所を移し，適応しながら新しい暮らしを創り出す人もいる。一方で，新しい環境に馴染めずに孤立してしまう場合もある。馴染めない場合は，コミュニティ内で孤立し閉じこもり気味になる，再建先近隣住民との折り合いが悪く自立再建した自宅を売却し，他所へ転居する例もみられる。

2　災害時におけるソーシャルワーク

（1）災害時に支援の対象となる人

　災害時の支援対象は，施設を利用している人など発災前から配慮を必要として生活していた災害時要配慮者等（図13-2）と，発災前には医療や福祉に関して特段の配慮を必要とせずに生活していた一般の避難者に大別することができる。

　①　災害時要配慮者（災害対策基本法第8条第2項第15号）

　災害時要配慮者とは，災害時に限定せず一般に配慮を要する者を意味し，高齢者，障害者，乳幼児その他の特に配慮を要する者をいう。

　②　避難行動要支援者（災害対策基本法第49条の10）

　災害時要配慮者のうち，災害時に自ら避難することが困難であるため，円滑かつ迅速な避難の確保を図るため特に支援を要する者を「避難行動要支援者」といい，各地方公共団体に要配慮者の名簿作成が義務づけられている。

　③　一般避難者

　発災前には医療や福祉に関して特段の配慮を必要とせずに生活していた者を指す。災害時要配慮者を除くすべての避難者である。医療や福祉の特段の配慮を要していない者でも，被災することにより家族との離別や衣食住の喪失など生活の劇的な変化により新たな福祉支援ニーズが生じることになる。

　加えて忘れがちであるのは，災害の規模により支援に関わる者が被災者や避難者になる可能性である。多くの支援者が，被災しながらも支援を続ける状況が生じる可能性を有することも大規模災害の1つの側面である。

災害時要配慮者

①高齢者　②視覚障害者　③聴覚・言語障害者　④肢体不自由者　⑤内部障害者　⑥知的障害者　⑦発達障害者　⑧知的障害者　⑨難病疾患者等　⑩乳幼児　⑪妊産婦　⑫外国人等　⑬災害時負傷者　⑭災害孤児等　⑮地理に不案内な旅行者等

「避難行動要支援者避難支援制度」該当者

①一人暮らしの高齢者　②高齢者のみの世帯の人　③寝たきりの高齢者，認知症の高齢者　②障害のある人　③妊産婦　④乳幼児　⑤医療依存度の高い人（人工呼吸器装着者，在宅酸素使用者，人工血液透析者など）

避難行動要支援者

名簿対象者
①要介護認定3～5　②身体障害者手帳1・2級　③療育手帳A
④精神障害者保健福祉手帳1・2級　⑤指定難病医療受給者

図13－2　災害時要配慮者等の詳細図

出所：筆者作成。

（2）災害時におけるソーシャルワークの考え方

災害時であっても，ソーシャルワークの考え方は基本的に平時と特に変わることはない。むしろ，災害時の混乱により平時と状況が大きく異なるからこそ，ソーシャルワーカーは知識・技術・倫理の総体であるソーシャルワークの基本に立ち返りつつ，状況に応じた最適解を見出しながら迅速に支援を展開する必要がある。

ソーシャルワーカーとして意識することは，排除と剥奪により失われた避難者の力を再獲得する支援（エンパワメント），劣悪な生活環境における避難者の尊厳を守る支援（アドボカシー）を通して，人々の尊厳をどのようにして守り抜くことができるかである。特に非常時は，平時には潜在化していて気づきにくい社会的課題（社会的に弱い立場にある人たちへの排除と剥奪）が顕在化しやすい傾向にあることを忘れないようにしたい。

（3）災害時におけるソーシャルワークの視点

　災害時の支援では，それぞれのフェーズにより重点的な支援ニーズがスペクトラムのように折り重なりつつ進んでいく。そのため，個別のニーズに対応するための支援，集団のニーズに対応するための支援，コミュニティのニーズに対応するための支援など，ミクロ・メゾ・マクロそれぞれのアプローチとその際に生じる支援ニーズや支援方法を常に点検しつづけることや状況を俯瞰する力が求められる。災害時の支援はいうまでもなく，養成校の時から災害の起きたその時までソーシャルワーカーとして経験し学んだすべての知識と技術，そして倫理観を総動員して展開される。

　こうしてテキストを紐解いているこの時の学びを継続しつつ，丁寧に積み重ねることにより，ソーシャルワーカーとして災害時の実践に力を発揮できるだろう。本章に至る各章の学びを振り返りながら記憶に留め置いてほしい。

3　災害時福祉支援活動に関わる者

　災害時の支援は，医療，保健，福祉それぞれに多様な専門職が活動することになるが，本節では，災害時福祉支援に関わる支援者のうち代表的ないくつかについて解説する。

（1）災害派遣福祉チーム（DWAT）

　災害派遣福祉チーム（DWAT：Disaster Welfare Assistance Team）は，災害発生時に編成される特別支援チームとして，避難者の生活機能の低下や要介護度の重度化など，想定される二次被害の防止を目的に，災害時要配慮者等に対して支援を行う。図13-3は，災害派遣福祉チームの活動例である。

　災害派遣福祉チームは，社会福祉士，精神保健福祉士，介護福祉士や介護支援専門員など福祉専門職で構成される。主な業務は次のようなものである。①避難者の福祉ニーズの把握，②要配慮者のスクリーニング，③要配慮者からの相談対応，④介護等を要する者への応急的支援，⑤福祉避難スペースや福祉避難所の開設，運営支援等，⑥避難所の生活環境整備，⑦福祉施設などへの応援。

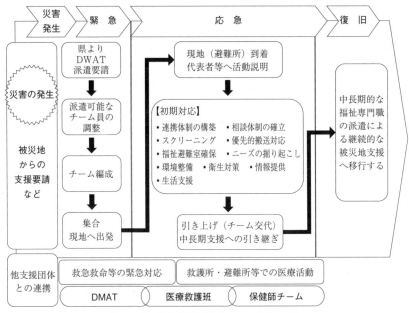

図 13 - 3　災害派遣福祉チームの活動モデル

出所：福島県『災害派遣福祉チームに係る概要図』（https://www.pref.fukushima.lg.jp/uploaded/attach
ment/413504.pdf　2020年12月21日閲覧）を一部改変。

　災害派遣福祉チームは，主にフェーズ１からフェーズ２を中心に避難所等で
応急時の支援活動に関わった後，次に挙げる生活支援相談員などの継続的支援
に継承される。

（2）生活支援相談員（LSA）

　生活支援相談員（LSA：Life Support Adviser）は，社会福祉協議会に雇用され
た避難者支援専門員である。その役割は，仮設住宅等に居住する避難者を訪問
し，見守りおよび相談等を通じ，生活再建や自立促進を支援することにある。
主な業務は次のようなものである。①個別訪問による避難者の見守りと相談支
援，②仮設住宅等の巡回訪問による入居者の安否確認や見守り，③住民交流イ
ベント（ふれあいサロン等）への参加促進，孤立や孤独の防止，④要支援者に対
する個別自立支援計画の作成と支援，⑤応急仮設住宅および借上げ住宅等から

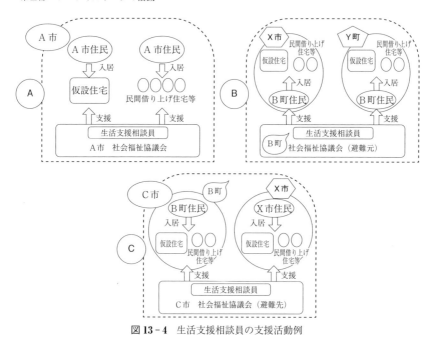

図13-4　生活支援相談員の支援活動例

出所：特定非営利活動法人日本ボランティアコーディネーター協会（2013）『生活支援相談員ハンドブック
　　　──孤立を防ぎ，参加とつながりを生み出す支援』（http://pref-f-svc.org/archives/handbookpage/
　　　mokuji　2020年12月21日閲覧）9頁をもとに一部改変。

復興（災害）公営住宅へ転居した避難者の見守りと相談支援。

　生活支援相談員は，主にフェーズ2からフェーズ4を中心に支援にあたるが，災害の規模等により柔軟に対応することになる。たとえば東日本大震災においては，甚大な被害により広域避難が発生したことから，支援の構造も非常に複雑であり，支援期間だけみても2011（平成23）年から現在に至るほど長期にわたっており，現在も進行形である。

　また，活動例（図13-4）のように，災害の範囲が広大であるために広域の避難が発生した場合，支援の実施に際して関係する機関の連携が重要である。図13-4の Ⓐ はA市の住民をA市社協の生活支援相談員が支援する場合，Ⓑ はB町全住民がX市およびY町に避難しており，B町社協（避難元社協）の生活支援相談員が，X市およびY町に出向いて支援を行う場合，Ⓒ はB町およびX

市の避難住民を受け入れるＣ市社協（避難先社協）の生活支援相談員がＢ町およびＸ市住民の支援を行う場合である。

（3）その他に災害時福祉支援活動に関わる者

①　福祉施設の支援者

　福祉施設利用者が被災した場合，あるいは，福祉施設が福祉避難所に指定されている場合は，施設職員が災害時福祉支援の担い手として活動することになる。その場合，福祉施設利用者の生活支援業務などの通常業務に加えて，福祉避難所に避難してきた災害時要配慮者等に対する災害時福祉支援業務も行う必要が生じる。さらに，福祉施設自体が被災した場合，福祉施設の職員は，福祉施設利用者の避難援助にあたることになる。

②　社会福祉協議会の支援者

　災害時には，平時のボランティアセンターとは異なる枠組みの災害ボランティアセンターが設置され，被災地内外から多くの災害ボランティアが集結する。その際，社会福祉協議会の支援者は，災害ボランティアのコーディネートや他機関との連絡調整を含めた包括的な支援体制を構築する。また，経済的支援として生活福祉資金の貸し付けなども行う。

③　市区町村行政の支援者

　市区町村行政の支援者は，地域住民の安否確認や避難所の開設と運営，救援物資の受け入れや配分などの活動に関わる。災害の規模が大きく避難生活が長期に及ぶ場合は，被災者の自立に向けた経済的な支援などフェーズにより支援重点課題が移り変わる。

④　地域包括支援センターや居宅介護支援事業所の支援者

　担当地区において担当利用者の安否確認をはじめとした個別支援を中心に活動する。平時から個別支援を展開してきたことから，担当利用者の変化にいち早く気づくことができる。また，社会福祉士の他に介護福祉士や看護師，保健師など医療保健福祉の専門職が在籍していることや，平時から多職種で連携しながら支援活動をしているため，災害時の支援にも大きな力を発揮する。

⑤　NPO など非営利団体の支援者

NPO などの団体に属しながら，全国各地で発生する災害発生地の支援に関わる他，平時からの防災，減災活動に取り組んでいる。災害発生時には，福祉的救援活動および災害ボランティアセンターの運営支援等に携わる。

4　災害時福祉支援活動の特徴と課題

（1）災害時福祉支援の広域性

災害の及ぶ範囲は，人が創り出した都道府県，市区町村などの行政区域に関係なく，自然が創り出した多様な地形に影響される。そのため，川の流れに沿って被害が発生した場合などは，多数の行政区域を横断するなど，被害の範囲が広範になることが多い。

被災範囲が広域に及ぶ場合，避難者の避難範囲も広域に及ぶ。東日本大震災時の福島県では，県内避難はもとより，県外避難者も多数みられた。被災範囲や避難範囲が広域に及ぶことにより，単一の地方公共団体や機関で支援のすべてを完結することは不可能であり，地方公共団体同士の連携や機関同士の連携による支援体制の構築が強く求められる。

そのため，地方公共団体や各種機関は来るべき災害に備え，平時から災害発生を想定したうえで，災害時協力協定や災害時応援協定などと呼ばれる各種災害協定を締結することが一般的になっている。

（2）災害時福祉支援における支援者の多様性

第3節において代表的な支援者の一例を述べたが，その他にも多くが携わる。支援者の所属も，産官民学の何処かに属し，平時から福祉支援に関わる者もいれば，災害時に福祉支援に関わる者など多様である。また，福祉支援専門職の他にも，社会福祉協議会等が設置する災害ボランティアセンターを通じて参集した災害ボランティアも多く介入することになる。

さらに，近年ではプロボノ（Pro bono）も増えている。プロボノとは，医療保健福祉に限ることなく幅広い分野の専門家が，職業上もっている知識やスキ

ルを無償提供して社会貢献するボランティア活動をいう。たとえば，弁護士や建築士など，国家資格をもった専門家なども多くプロボノ活動に参加している。

　多くの支援者が活動することによって，層の厚い支援が期待される。その一方で指示命令系統が多元化することによって，住民の支援に混乱が生じることもある。

（3）平時における防災・減災活動の重要性

　小学校などで「避難訓練」を経験したことのある人も多いだろう。避難訓練の実施は消防法に定められているため，大学等でも実施されているのを知っているだろうか。さて，多くの人が集まる場所で，なぜ避難訓練を実施しているのか考えてみてほしい。災害時ではなく，平時に避難訓練をすることにより，災害時により望ましい行動を選択する可能性を高めるからである。

　このことは，災害時福祉支援活動全般においても同様に考えるとよい。平時における支援ネットワークの形成が，災害時福祉支援活動の実効性に大きく影響する。特に，被災範囲が広域に及ぶ場合，支援者自身が被災者になることも珍しくない。そのような場合，被災地域とは異なる地方公共団体の支援者が支援に入ることで，非常時における支援環境を相互に保障し合っている。非常時に想定される相互支援関係を結ぶ災害時協定などは，地方公共団体の他，社会福祉協議会などでも取り交わされている。

　その他，各地方公共団体では定期的に総合防災訓練を実施しており，官民の関係機関が一堂に会し災害ボランティアセンターの設置や避難所の設置など模擬体験する機会を設けている。さらに，地域住民に向けた防災や減災のための教育機会をこまめに設けることや，ハザードマップの各戸配布などを行い災害に備える地域づくりなどの取り組みも実施されている。常日頃から，平時の備えが極めて重要であることを忘れないでほしい。

参考文献

社会福祉法人全国社会福祉協議会災害時福祉支援活動に関する検討会（2019）『災害時福祉支援活動の強化のために——被災者の命と健康，生活再建を支える基盤整備を（提言）』（https://www.shakyo.or.jp/bunya/saigai/fukushishiennkatudou_teigen.pdf　2020年12月21日閲覧）。

株式会社富士通総研（2018）『災害時の福祉支援の在り方と標準化に関する調査研究事業報告書』。

上野谷加代子監修（2013）『災害ソーシャルワーク入門——被災地の実践知から学ぶ』中央法規出版。

西尾祐吾ほか（2010）『災害福祉とは何か——生活支援体制の構築に向けて』ミネルヴァ書房。

学習課題

① あなたは，自分が暮らしている地域の「ハザードマップ」を持っていますか？持っている人は自分の住まいの状況を確認してください。また，持っていない人は，役所等に問い合わせ，「ハザードマップ」の有無を確認し入手してみましょう。

② あなたが暮らしている地域において福祉避難所に指定されている事業所はどこにありますか？　確認しましょう。

コラム　ふくしの仕事をするうえで心がけていること

　私は，社会福祉協議会・地域包括支援センターの社会福祉士として仕事をするなかで，助け合うという地域の力と，さまざまな理由により地域とのつながりがなく，助けを求めることができない住民がいることを目の当たりにしました。もちろん，今の社会の現実は学びのなかで理解していましたが，仕事として実際に関わることで，ショックを受けたのも事実です。困難な状況に至るまで，どのような生活をしていたのか，その人らしい生活とはどのようなものなのかを考えながら，日々仕事をしています。

　一歩ずつ地域と共に，前に進んでいくような地道な，時間のかかる地域支援を続けてきた私にとって，忘れられない出来事があります。それは，2011年3月11日2時46分に発生した東日本大震災です。一瞬ですべてのものを奪ってしまう地震と津波は，まさに未曾有の大災害で，家族や近隣住民・友人を失い，家も失い，物は買えない，長い避難所・仮設住宅等の生活を余儀なくされた住民への支援を通じて，ソーシャルワークを強く意識するようになりました。東日本大震災の前にも何度か災害支援の経験はありますが，東日本大震災は，一部分を支援するようなものではなく，生活全体を支えるために，社会資源や災害時におけるさまざまな制度等を活用し，前例にとらわれることなく困難な出来事に立ち向かい，人と人，地域とのつながりを再構築するための支援が必要でした。

　この活動のなかで，自宅の泥だしのボランティア活動の依頼や，申請をどこに出したらよいのか等制度に関わる相談もありましたが，私が一番印象に残っているのは，近隣の仮設住宅の被災者サロンである「お茶っこ会」での何気ない会話です。被災の大きさや避難生活のしづらさ，経済的な苦悩，大切な人を失った喪失感など，私が他市町村から来た支援者であることを伝えることで，被災住民同士では話しづらい事柄を率直に語ってくれました。今日は話ができてよかったと言われた時に，被災した内容は個々に違い，多くの制度を一括りで当てはめてはいけないと思いました。一人ひとりの思いをしっかりと受け止め，必要な支援を考えていく。既存のものに当てはめるだけでなく，生活しやすい社会や仕組みを作っていくということがソーシャルワークであり，ソーシャルワーカーとして重要な視点だと思っています。

　社会福祉士は，医者のように病気を治すことはできないけれども，私は，その人に寄り添い，悩み苦しみ，時には笑い，信頼関係を築き，次の一歩を踏み出すことができるような希望を与えることができる支援をこれからも心がけていきたいと思います。

稲荷　智康（宮城県内社会福祉協議会）

第14章

多文化共生とソーシャルワーク

　日本は，今やさまざまな文化的背景をもつ人々が生活している社会となった。しかしながら「外国人」と聞くと，観光客，外国人労働者など，限られたイメージしかもたれないことも多く，日本で暮らしている「生活者」としての視点がまだ不足している。一方，「社会福祉」というのも，ごく限られた人々に対するサービスと思われることも多く，福祉や教育，医療の現場には「海外にルーツをもつ人々」を想定したサービスも不足している。本章では，日本で暮らす多様な文化的背景をもつ人々の現状と，生活していくうえで必要な福祉的支援について理解を深めるとともに，地域で暮らす住民としての「外国人」と共生していくために必要なこととは何かを考えていくこととする。

1　日本で暮らす外国人の現状

（1）法務省による統計

　日本で生活する外国人の現状を考える時，在日コリアンや中国人を中心とするオールドカマーと，1980年代以降の世界経済のグローバル化・国際化に伴い，主に労働者として日本に入国してきたニューカマーについて考える必要がある。日本で暮らす外国人の推移をみると，2019（令和元）年における在留外国人数は293万3137人で，2011（平成23）年に起きた東日本大震災の時に一時期減少したものの，その後再び増加し，その数は毎年過去最高を記録している（図14-1）。

　国籍（出身地）別でみてみると（表14-1），出身地は195か国にも及んでいる。

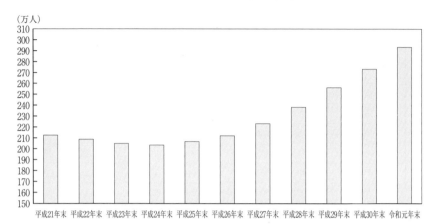

図14-1 在留外国人数の推移（総数）

出所：法務省「在留外国人統計」。

　国籍別第1位は，中国の81万3675人で，在留外国人全体の約28％を占めている。2位はオールドカマーが多い韓国（法務省データでの表記）の44万6364人だが，他の国籍の在留外国人数が増加しているのに対して，高齢化とともに年々減少しているのが特徴的である。3位以下は，ベトナム，フィリピン，ブラジル，インドネシアと続き，特に増加が顕著な国籍・地域はベトナム，インドネシアで，対前年末比がいずれも20％前後の増加となっている。

（2）「入管法」改正の動き

　外国人が日本に滞在する際は，出入国管理及び難民認定法，通称「入管法」と呼ばれる法律に基づいて在留資格が与えられる。在留資格の特徴は大きく2つに分かれている。そのうち就労の活動内容に基づく在留資格と，就労活動において制限がない身分または地位に基づく在留資格がある。1989（平成元）年の入管法の改正で日系人に対するビザの条件が緩和されたことにより，1990年代にはブラジルをはじめとした南米からの日系人の入国者数が大幅に増加した。その後の2009（平成21）年の改正では，在留カードを交付するなど新たな在留管理制度が導入され，指紋押捺を伴う外国人登録法が廃止された。2014（平成26）年の改正において，高度な外国人材を受け入れるための新しい在留資格が

表14-1　国籍・地域別

国籍・地域	平成21年末 (2009)	平成22年末 (2010)	平成23年末 (2011)	平成24年末 (2012)	平成25年末 (2013)	平成26年末 (2014)
総　数	2,125,571	2,087,261	2,047,349	2,033,656	2,066,445	2,121,831
中　国	670,683	678,391	668,644	652,595	649,078	654,777
韓国・朝鮮	571,598	560,799	542,182	—	—	—
韓　国	—	—	—	489,431	481,249	465,477
ベトナム	40,493	41,354	44,444	52,367	72,256	99,865
フィリピン	197,971	200,208	203,294	202,985	209,183	217,585
ブラジル	264,649	228,702	209,265	190,609	181,317	175,410
ネパール	14,745	17,149	20,103	24,071	31,537	42,346
インドネシア	24,777	24,374	24,305	25,532	27,214	30,210
台　湾	—	—	—	22,775	33,324	40,197
米　国	51,235	49,821	49,119	48,361	49,981	51,256
タ　イ	37,812	38,240	41,316	40,133	41,208	43,081
その他	251,608	248,223	244,677	284,797	290,098	301,627

出所：法務省「在留外国人統計」。

創設された。2016（平成28）年の改正では，介護業務に外国人が従事するための在留資格が設けられた。一方，この新しい在留管理制度によって在留状況も細かく管理されることとなり，在留資格の取消し，退去強制などの罰則規定が設けられた。さらに2018（平成30）年の改正では，日本で深刻な問題となっている人材不足を補うための対策として，「特定技能」と呼ばれる新しい在留資格が創設された。このように日本政府は，日本の経済・産業に変動が起きるたびに法律を改正し，それに基づいた外国人の受け入れ政策を行っている。

2　日本で暮らす外国人が抱える問題

　日本で暮らす外国人への具体的な支援は，主に NPO や NGO などの外国人支援団体と，各都道府県や市町に設置された国際交流協会が担っている。地域

在留外国人数の推移

平成27年末 (2015)	平成28年末 (2016)	平成29年末 (2017)	平成30年末 (2018)	令和元年末 (2019)	構成比(％)	対前年末 増減率(％)
2,232,189	2,382,822	2,561,848	2,731,093	2,933,137	100.0	7.4
665,847	695,522	730,890	764,720	813,675	27.7	6.4
—	—	—	—	—	—	—
457,772	453,096	450,663	449,634	446,364	15.2	− 0.7
146,956	199,990	262,405	330,835	411,968	14.0	24.5
229,595	243,662	260,553	271,289	282,798	9.6	4.2
173,437	180,923	191,362	201,865	211,677	7.2	4.9
54,775	67,470	80,038	88,951	96,824	3.3	8.9
35,910	42,850	49,982	56,346	66,860	2.3	18.7
48,723	52,768	56,724	60,684	64,773	2.2	6.7
52,271	53,705	55,713	57,500	59,172	2.0	2.9
45,379	47,647	50,179	52,323	54,809	1.9	4.8
321,524	345,189	373,339	396,946	424,217	14.5	6.9

　の特性や団体の規模などを踏まえた活動を展開しており，その活動内容は多岐にわたる。筆者の研究グループ[1]は，全国の外国人支援団体・国際交流協会・自治体の相談担当者にアンケート調査を実施して外国人世帯が抱える問題を明らかにしたところ，次のような課題があることがわかった。なお，日本で暮らす外国人をさまざまな名称で呼ぶことが多いが，ここでは，滞日外国人と呼ぶこととする。

（1）生活課題が中心の相談内容
①　医療に関連した問題
　滞日外国人が日本で医療サービスを受ける場合，まず国民健康保険や，事業所での健康保険などに加入する必要がある。しかしなかには無保険の人も多く，その場合，早期に受診せず，病気が悪化してから受診し，かえって医療費がか

さむことがある。日本で長年暮らしている滞日外国人でも，医療機関にかかる際，言葉の壁が弊害となることが多い。医療通訳は以前と比べて増えてはいるものの，単に通訳業務を行うだけでなく，守秘義務やさまざまな医療用語，病気や薬の説明など専門性も要求されるため，そのような人材を確保することが難しい。また，国によって医療システムや病気，治療方法に対するイメージも異なるため，そのような文化的背景をふまえた関わりが必要とされる。特にメンタルヘルスにおいては，精神疾患が大きなスティグマとなり，コミュニティから排除されるのではないかといった不安から受診をためらったり，問診による治療などから言葉が理解できず，継続した治療が受けられないといった課題がある。

②　家庭問題

　相談内容のなかでも，家庭問題は最も多いが，なかでも子育てや子どもの教育に関する相談が多い。普段の生活において日本語がある程度理解できても，子どもが保育所や学校に入ることで，保護者と保育者，教育者とのコミュニケーションがうまくとれないケースが出てくる。日本ならではの慣習やルールなどが理解できなかったり，日本語の文書が難しいため，学校の案内などが理解できない保護者も多い。子どもよりも親の適応が難しいため，親子間でのズレが生じることもある。日本人と結婚した滞日外国人のなかには，日本語能力が不充分なため，配偶者とのコミュニケーションが難しかったり，DV などの課題を抱えている人もいる。

③　福祉サービスに関連した問題

　日本の福祉サービスは，日本国民を前提としたサービスがほとんどのため，さまざまな福祉サービスにアクセスすることができない滞日外国人が多い。福祉サービスを利用するには，まず，その制度について知っているかどうかという問題がある。また情報を知っていたとしても，制度やサービスの説明や申請書などは日本語で書かれており，内容も難しいため，滞日外国人自身で手続きすることが難しい。

　障害があって特別なニーズを必要とする子どもたちは，教育面や生活面において多くの困難に直面していることが想定されるが，実態がほとんど明らかに

されていない。子どもの発達を心配し，サービスが必要と認識していても，言葉の壁，複雑な制度などから積極的にサービスを受けることをためらう保護者も多い。

　居住福祉の観点からみると，外国人だからという理由で入居を断られる場合がある。あるいは保証人がいないため，住宅を借りるために必要な手続きがとれないことがある。また，雇用先が住居を提供している場合があり，仕事を失うと同時に，住む場所もなくなる滞日外国人もいる。

（2）外国人支援団体が抱える課題

　一方，外国人を支援する団体が抱える課題には次のようなものが多い。

　①　専門的な人材・財源が不足している

　継続して支援を行っていくための人材の確保と，運営のための財源が不足している。さまざまな国からの滞日外国人もいることから，英語以外の多言語による通訳支援も必要である。滞日外国人がまだ少ない地域では，外国人を支援する団体に専任スタッフがおらず，また専門家を雇う財源も少ないことから，実際の支援をボランティアに頼っていることがある。

　②　滞日外国人の生活状況の実態が把握できていない

　地域にどのような滞日外国人が暮らしているのか（人数，家族構成，雇用状況，ビザ等の在留資格）といったデータや情報が不足しており，実態がつかめていないといった問題がある。滞日外国人が多く暮らす地域や少ない地域などによって福祉サービスへのアクセスにばらつきがあり，地域格差があることも指摘されている。仮に相談窓口を設けても，相談に訪れる人がほとんどいないという現状もあり，ニーズをうまく把握できていないといった課題がある。

　③　支援する側の情報交換やネットワークができていない

　滞日外国人が抱える問題は，生活困窮，就労，医療，福祉，教育などさまざまな課題が複雑に絡み合っている一方で，福祉サービスへのアクセスが困難であったり，滞日外国人が利用できなかったりするケースも多く，問題解決が難しい。人員が少ない団体では，一人当たりの相談に充てられる時間が少なく，十分な支援ができないところがある。また，ノウハウがまだ少ない団体では，

支援方法そのものがわからず，困っているところもある。そのため，支援に携わる人たち同士での情報交換や，他団体と連携していくためのネットワークが必要であると指摘されている。

（3）外国人当事者からみた課題

　これまで，外国人支援団体がどのような相談内容に対応し，支援団体が抱える課題は何かについて述べたが，ここでは，滞日外国人の当事者たちが自身の課題をどのようにとらえているのか整理してみたい。

　①　子どもたちのアイデンティティ形成の必要性と母語教育

　滞日外国人が多く暮らす地域では，日本で生まれ育ち，親の母国のことを知らない子どもたちも多い。なかには，日本で生まれ育ちながらも，「ダブルリミテッド」といわれる日本語も母語のどちらも年齢相応の言語能力が備わっていない状態の子どももいる。このような第二世代といわれる滞日外国人の子どもたちが抱える課題として，アイデンティティを確立することが必要であり，そのためには親たちの国の言葉，文化について理解を深める母語教育・母語文化の保障が重要である。

　②　キャリア支援の必要性

　滞日外国人の日本語教育が重要であることは，国全体でもいわれていることだが，滞日外国人当事者からみると，何故日本語を学ぶ必要があるのか，日本語がきちんと習得できていることが，将来の職業選択においてどのような意味をもたらすのか，ということについても明確にしておく必要があり，そのような意味でのキャリア支援が重要である。キャリア支援は，子どもたちに限ったことではなく，親などの大人たちに対しても必要な支援である。そのために，大人たちの日本語教室も必要である。

　③　生活課題への対応と人材の育成

　DVや虐待，暴力，メンタルヘルスや障害など，生活に関連する課題が多いという指摘も滞日外国人当事者から出されている。そしてこれら生活課題の問題解決に，ボランティアが対応しているケースがほとんどであり，単に通訳・翻訳業務を行う人材でなく，「人に対してサポートができる人」を育てる，そ

のための十分な資金も必要であると指摘している。

④　共生に向けた意識づけの必要性

受け入れ国である日本政府が，滞日外国人が来日する前に，日本での生活，日本語，教育システムなど事前に情報提供すべきであり，滞日外国人も同様に，十分情報を収集したうえで，何をしに日本に行くのか，意識して準備することが大切である。そして海外にルーツをもつ人々が日本で育ち，暮らすことが，将来の日本にとっても有意義なものであると認識できるような意識づけがお互いに必要である。

3　外国人コミュニティと福祉的支援

ここでは，外国人支援団体からみた滞日外国人の課題，また団体組織としての課題，そして当事者からみた課題に対して，福祉的な支援をどのように行えばよいのか述べていく。

（1）制度・政策からこぼれ落ちない支援のあり方

先述した通り，日本の社会保障制度や福祉政策は，長い間日本国民を支援の対象とすることを前提として行われてきたため，滞日外国人に対する福祉的支援やサービスが十分とはいえない。たとえば，在日コリアンのなかには，一部年金が適用されない人々もおり，大きな問題となっている。また，滞日外国人が日本で雇用されていても，事業所が保険料の負担を逃れるために，健康保険や厚生年金保険に入れない場合がある。その一方で，滞日外国人にとっても負担の大きい保険料や，滞在期間が不明であったりすることから，福利厚生費がかさむことを避ける意味で，加入しないという問題も起きている。今後，日本での暮らしを支える社会保障制度のシステムに，滞日外国人を組み入れて対応していくことが大切である。

（2）福祉サービスへのアクセスとアウトリーチの必要性

滞日外国人の立場からみた場合，さまざまな福祉サービスにアクセスしやす

い状況を作っていくことが大切である。たとえば，介護保険や障害者サービスなどの福祉サービスを利用する場合，まず制度，サービスに関する情報にアクセスできているのかどうかみる必要がある。次に，どこで手続きするのか，窓口で相談に来たとしても，手続きなどの文書が難解で読めなかったり，調査員や医師，窓口の相談員と日本語で意思疎通がきちんと図れなかったりする場合がある。制度，サービスを利用するためには，社会保険料などをきちんと納付しているなどの条件があることから，制度そのものが使えないということもある。このようにサービスを照会するといった情報提供だけでなく，支援する側が無意識のうちに，支援を必要とする人々を排除することのないよう，きちんと支援システムに乗れるように働きかける必要がある。

（3）多文化ソーシャルワーカーの配置

　滞日外国人の問題に関して，専門職の間でも，海外にルーツをもつ住民の文化的背景や価値観の違いについて，充分な理解がなされていないことが多い。したがって，社会福祉の分野においても多文化共生に対する理解を深め，日本国民以外の外国の人々を対象とする福祉的支援の重要性を認識していく必要がある。そんななか，近年滞日外国人が抱える生活課題の解決に向けて，ソーシャルワークのアプローチを実践する多文化ソーシャルワーカーが，新しい支援の担い手として注目されている。多文化ソーシャルワークとは，「多様な文化的背景をもつクライエントに対するソーシャルワーク」，「クライエントとワーカーが異なる文化に属する援助関係において行われるソーシャルワーク」，「クライエントが自分の文化と異なった生活環境で生活することにより起こる心理的，社会的課題に，ワーカーが対応していくソーシャルワーク」のことである。このようにニーズがあるものの，滞日外国人の問題に特化した多文化ソーシャルワーカーが配置されている福祉施設・機関はまだ少ない。

4　地域での共生に向けた取り組み

　地域での「生活者」としての視点でみる滞日外国人と，どのように地域で共

写真 14-1　日本語教室の保護者説明会の様子

保護者の方は，子どもたちが勉強している間も帰宅せず子どもたちの勉強している姿を見守っていた。また，他の保護者の方にとっての交流の場となっていた。

写真 14-2　大人たちの日本語勉強会

子どもたちの日本語教室と違い，生活に必要とされる日常的な日本語のやりとりを学び，実際にロールプレイを行った。その後，気持ちを日本語で表現するというテーマで読み書きを学び日記を書いた。

に暮らす社会をつくることができるのか，筆者が関わっている滞日外国人の支援団体の取り組み事例を紹介しながら考えてみたい。

（1）滞日外国人当事者との協働的実践──愛知県半田市　「シランダの会」

「シランダの会」（以下「シランダ」）は，2007（平成19）年に当時外国人の子どもたちへのボランティアを行っていた日系ブラジル人が，半田市の外国人児童生徒支援員として海外にルーツをもつ子どもたちや，その家族への支援をはじめたのがきっかけである。その後，2017（平成29）年9月に愛知県国際交流協会の補助金を得て，半田市の市民活動団体としてその活動を開始した。

シランダ（Ciranda）とはポルトガル語で輪になって踊るという意味で，ブラジルに古くから伝わる農民の踊りを指す。そのことと，Creativity（創造性）のC, Inclusion（包摂）のI, Respect（尊敬）のR, Acceptance（受け入れ）のA, Naturalness（自然体）のN, Diversity（多様性）のD, Apoio（ポルトガル語でsupport, サポート）のA の頭文字をとって「シランダ」と名づけた。

シランダは，外国につながる子どもたちの困難に対して支援を進め，彼らが自らのもてる力を発揮し，日本社会でいきいきと暮らしていけるようにすることで，多文化共生社会をめざすことを目的とし，事業内容には，①日本語指導

の必要な児童・生徒を対象とした日本語指導教室，②児童・生徒・保護者のための各種相談事業，③多文化共生に関する事業を掲げている。外国人当事者，日本語支援教員，在日外国人児童が多く通う小学校の校長先生，教頭先生，公認会計士，半田市職員等が中心メンバーとなって設立された。

　ここで，筆者も含めた福祉専門職が行うことは，あくまでも当事者の方々が主体的に活動することに対するサポートである。具体的には，いちメンバーとしての関わりである。一緒に教室の準備を行い，プログラムをサポートし，共に参加し，片づけなどを行う。助言・指導といった支援活動は行わない。なぜならば，当事者がやりたいことは，当事者が最もよく知っているからである。そこを大切にしていくことが協働的実践で求められる。

（2）お互い助け合う住民として──多文化防災の視点から

　2018（平成30）年6月28日から7月8日にかけて，西日本を中心に大きな被害をもたらした西日本豪雨災害で被害の大きかった地域の1つ，岡山県総社市で，滞日外国人の中高生を中心とした子どもたちと共に災害ボランティア活動を行った。活動に先立ち，どこの地域に災害ボランティアとして入ればよいかと考えていた時，ブラジルにルーツをもつ総社市の多文化共生推進員の方とつながった。そこから，総社市でボランティアとして活動する段取りを組み，子どもたちは，シランダ代表の方と半田市職員の方のサポートを得て，被災地に現地入りした。そこで筆者と合流し，総社市社会福祉協議会の災害ボランティアセンターに登録し活動を行った。現地では，日本語でやりとりしながら，高齢者の家の廃材の運び出しや，家具の移動などを行った。活動を終えた子どもたちは，ボランティアセンターで被災者に向けたメッセージを日本語で書きながら，「人を助けることはとてもいい経験であり，自分たちにも何かできることがあるとわかってうれしかった」と話した。また，このような災害が身近に起きることも実感した。活動はわずかであったが，防災への意識だけでなく，利他的行動を行うことで，自分たちが誰かの役に立っていると実感することができた。

　これがきっかけで，2019（平成31）年3月に総社市の多文化共生推進員の方

写真 14-3　総社市での活動

廃材の運び出しをする中高生たち。

写真 14-4　防災について考えるワークショップのチラシ

チラシは日本語・やさしい日本語・ポルトガル語・英語・スペイン語で作成された。

写真 14-5　多文化防災リーダーによるワークショップ

多文化防災リーダーは，日本語とポルトガル語の両方で講演した。適宜通訳として，日本語・ポルトガル語が入った。

写真 14-6　ワークショップでの中高生のボランティア報告会

ボランティアに参加した2名の中高生が日本語で報告し，ポルトガル語の通訳が入った。資料は，やさしい日本語で作成された。

が，今度は多文化防災リーダーとして半田市を訪れ，防災ワークショップを開いてくれた。防災ワークショップには，滞日外国人だけでなく，地域に暮らす住民の方々も参加し，共に災害と防災について考えた。多文化防災リーダーの方は，母国語でもあるブラジル語，日本語を折り交えながら，総社市で起きた水害について，そして防災に必要なことを講演してくれた。ワークショップでは，災害ボランティアに参加した子どもたちも報告を行い，活動したときの自身の気持ちや気づきをメンバーに共有した。

（3）課題を自分事としてとらえる——新型コロナウイルス感染症の感染拡大による生活困窮者への救援活動

　2020（令和2）年1月中国武漢に端を発した新型コロナウイルス感染症の感染拡大は，瞬く間に日本にも広がり，多くの感染者を出した。そんななか，半田市に住む滞日外国人が失業などで生活が困窮し，食料や日用品が手に入らないほど深刻な状況が続いていることが報告された。まず，2月にシランダの日本語教室は休校となり，事態が収束するまで当面活動を停止することが決まった。同じ頃，仕事を失った人々が急増したため，シランダの代表が急きょフードバンクを立ち上げ，生活に困っている家族やひとり親家庭を中心に，毎週2回食料を届けることとなった。休校で学校も日本語教室も通えなくなった子どもたちは，支援物資として届けるパンを作るのを手伝った。そのうち地域の人々や，シランダの活動を支えるボランティアの人たちが食料などを寄付していった。緊急事態宣言が発令されていて外出自粛が続いていたため，直接現場に駆けつけることができない筆者は，後方支援として，必要な支援物資を関西から送った。また筆者と共に活動を支える他の教員たちも支援物資を送った。

　やがてこの活動は，地域の福祉機関，支援団体の職員の耳にも届くようになり，半田市社会福祉協議会や愛知県国際交流協会などが支援を担うようになった。半田市社会福祉協議会は，名古屋にあるフードバンクの NPO とも連携しながら，支援活動を行うと同時に，ポルトガル語の通訳を臨時に雇用して，支援世帯への面談を行っていくこととなった。そこで，シランダの代表が緊急に立ち上げたフードバンクとしての活動は，2020（令和2）年5月いっぱいでひとまず終了するかたちとなった。それまでの間，食料を届けていた家庭は，日本人世帯も含めて19世帯にのぼった。今後は，新しくプロジェクトを立ち上げ，公的機関などと連携しながら，引き続き生活困窮世帯への支援活動を行っていく予定である。

　このように，日本語教室を主として立ち上げた支援団体が，新型コロナウイルス感染症の感染拡大によって生活が苦しくなった日本人世帯も外国人世帯も関係なく支援することになったのは，活動に関わるすべての人々が，今回の一連の地域での課題を自分事としてとらえて行動したことが大きい。もちろん，

写真 14-7　支援物資の一部

当初は，子どもが一人でも作れるレトルト
食品が主な支援物資だった。

写真 14-8　支援物資を箱詰めするメンバー

支援物資のニーズはやがて，食料以外に，おむつ
などの生理用品や日用品などが増えてきた。支援
を必要とする世帯も増え，支援物資を運ぶ人手が
足りなくなる事態が起きた。

彼らにとって公的な福祉サービスの支援を受けるという選択肢は存在するが，それにアクセスする術をもたない住民もいる。滞日外国人に関連した課題は，外国人独自の問題としてとらえるのではなく，その地域の課題としてとらえ，地域全体で問題解決をめざすことで共生に向けた社会への実現が図られるのではないか。新型コロナウイルス感染症の感染拡大によって生活が困窮した世帯に向けてはじめたフードバンクは，このような公的サービスにつながりにくい人々に，どのようにアクセスすべきか1つの事案を提供してくれている。

注
(1)　寳田玲子・柿木志津江・木村志保（2015）「滞日外国人の定住化と障害福祉政策への課題——日系ブラジル人の現状から」『総合福祉科学研究 = Journal of Comprehensive Welfare Sciences』6，47〜59頁。
(2)　石河久美子（2003）『異文化間ソーシャルワーク——多文化共生社会をめざす新しい社会福祉実践』川島書店。
(3)　石河久美子（2006）「異文化間ソーシャルワーク——こころと地域コミュニティ」『こころと文化』5（1），29〜34頁。

参考文献

柿木志津江・寶田玲子・木村志保（2017）「滞日外国人児童が日本で生活するための支援――キャリア支援を中心に」『関西福祉科学大学紀要』21，89〜97頁。

木村志保・寶田玲子・柿木志津江（2017）「滞日外国人が抱える生活課題とニーズの分析の試み」『総合福祉科学研究＝Journal of Comprehensive Welfare Sciences』8，7〜15頁。

学習課題

①　日本政府の外国人に対する受け入れ施策の特徴的な点は何か，入管法改正の動きなどを整理しながら考えてみよう。

②　海外にルーツをもつ人びとと地域で共に生活するには，どのような視点が大切か，紹介されている事例での取り組みから考えてみよう。

コラム　まだ見ぬ未来の他者につながる支援をめざして

　川野オチラ氏は，現在，愛知県半田市でブラジル北東部の郷土料理の店を経営するかたわら，滞日外国人支援団体「シランダの会」の代表も務める日系ブラジル人です。川野氏とは，2016年11月兵庫県神戸市で開催された在名古屋ブラジル総領事館が主催する移動領事館で出会いました（Consulado Itinerante de Educação em Kobe）。移動領事館では，職員が地方に出張して領事業務を行うだけでなく，滞日ブラジル人のための健康相談や，心理カウンセリング，教育相談なども並行して開催されます。川野氏は，そこで半田市教育委員会外国人児童生徒支援員として，教育相談に応じていました。

　川野氏は派遣労働者として日本に来日しました。さまざまな仕事を経験しながら日本語を学び，そして子どもたちに関わる支援活動を続けてきました。

　川野氏が，日本に来た当初からこれまでのことを振り返って，語ってくれた言葉があります。

　「私たちに国籍は関係ない。みんなの環境をよりよくしていくために，みんなで力を合わせていくことが大切だ。そして，必要に応じて手を差し伸べることも大切だ。私はいつも，教育，そしてさまざまな壁（言葉やこころ）を取り外すことが必要だと思っている。今回の新型コロナウイルスの感染拡大の影響で，それはもっと重要になってきていると思う。助け合うことの必要性を感じる」。

　「これまで，優しく見守ってくれた人たちもいた。教えてくれた人たちもいた。いろんな人のお世話でここまでこれた。感謝の気持ちがあるからこそ，返さないといけない気持ちがある。今までやってきたことを，どういう風に返せるかと思いながら活動している」。

　川野氏は今，新型コロナウイルス感染症の感染拡大の影響で急にリストラされたり生活が苦しくなった人々が，経済不況や雇用不安から抜け出せるよう，継続したキャリア支援を行っていくプロジェクトを立ち上げて活動しています（2020年10月より「マンゴーベレン・プロジェクト」と称して活動を開始）。彼女は，よりよい社会を実現していくために何ができるか，常に考え，行動することで，結果的にそれがまだ見ぬ未来の他者への支援につながると信じています。そこには，彼女の生き方そのものが映し出されているといえます。

實田　玲子

ソーシャルワーカーの倫理綱領（日本ソーシャルワーカー連盟）

社会福祉専門職団体協議会代表者会議
2005年1月27日制定
日本ソーシャルワーカー連盟代表者会議
2020年6月2日改訂

前文

　われわれソーシャルワーカーは，すべての人が人間としての尊厳を有し，価値ある存在であり，平等であることを深く認識する。われわれは平和を擁護し，社会正義，人権，集団的責任，多様性尊重および全人的存在の原理に則り，人々がつながりを実感できる社会への変革と社会的包摂の実現をめざす専門職であり，多様な人々や組織と協働することを言明する。

　われわれは，社会システムおよび自然的・地理的環境と人々の生活が相互に関連していることに着目する。社会変動が環境破壊および人間疎外をもたらしている状況にあって，この専門職が社会にとって不可欠であることを自覚するとともに，ソーシャルワーカーの職責についての一般社会および市民の理解を深め，その啓発に努める。

　われわれは，われわれの加盟する国際ソーシャルワーカー連盟と国際ソーシャルワーク教育学校連盟が採択した，次の「ソーシャルワーク専門職のグローバル定義」（2014年7月）を，ソーシャルワーク実践の基盤となるものとして認識し，その実践の拠り所とする。

ソーシャルワーク専門職のグローバル定義

　ソーシャルワークは，社会変革と社会開発，社会的結束，および人々のエンパワメントと解放を促進する，実践に基づいた専門職であり学問である。社会正義，人権，集団的責任，および多様性尊重の諸原理は，ソーシャルワークの中核をなす。ソーシャルワークの理論，社会科学，人文学，および地域・民族固有の知を基盤として，ソーシャルワークは，生活課題に取り組みウェルビーイングを高めるよう，人々やさまざまな構造に働きかける。

　この定義は，各国および世界の各地域で展開してもよい。（IFSW；2014.7）※注1

われわれは，ソーシャルワークの知識，技術の専門性と倫理性の維持，向上が専門職の責務であることを認識し，本綱領を制定してこれを遵守することを誓約する。

原理

Ⅰ（人間の尊厳）　ソーシャルワーカーは，すべての人々を，出自，人種，民族，国籍，性別，性自認，性的指向，年齢，身体的精神的状況，宗教的文化的背景，社会的地位，経済状況などの違いにかかわらず，かけがえのない存在として尊重する。

Ⅱ（人権）　ソーシャルワーカーは，すべての人々を生まれながらにして侵すことのできない権利を有する存在であることを認識し，いかなる理由によってもその権利の抑圧・侵害・略奪を容認しない。

Ⅲ（社会正義）　ソーシャルワーカーは，差別，貧困，抑圧，排除，無関心，暴力，環境破壊などの無い，自由，平等，共生に基づく社会正義の実現をめざす。

Ⅳ（集団的責任）　ソーシャルワーカーは，集団の有する力と責任を認識し，人と環境の双方に働きかけて，互恵的な社会の実現に貢献する。

Ⅴ（多様性の尊重）　ソーシャルワーカーは，個人，家族，集団，地域社会に存在する多様性を認識し，それらを尊重する社会の実現をめざす。

Ⅵ（全人的存在）　ソーシャルワーカーは，すべての人々を生物的，心理的，社会的，文化的，スピリチュアルな側面からなる全人的な存在として認識する。

倫理基準

Ⅰ　クライエントに対する倫理責任

　　1.（クライエントとの関係）　ソーシャルワーカーは，クライエントとの専門的援助関係を最も大切にし，それを自己の利益のために利用しない。
　　2.（クライエントの利益の最優先）　ソーシャルワーカーは，業務の遂行に際して，クライエントの利益を最優先に考える。
　　3.（受容）　ソーシャルワーカーは，自らの先入観や偏見を排し，クライエントをあるがままに受容する。
　　4.（説明責任）　ソーシャルワーカーは，クライエントに必要な情報を適切な方法・

わかりやすい表現を用いて提供する。

5. （クライエントの自己決定の尊重）　ソーシャルワーカーは，クライエントの自己決定を尊重し，クライエントがその権利を十分に理解し，活用できるようにする。また，ソーシャルワーカーは，クライエントの自己決定が本人の生命や健康を大きく損ねる場合や，他者の権利を脅かすような場合は，人と環境の相互作用の視点からクライエントとそこに関係する人々相互のウェルビーイングの調和を図ることに努める。

6. （参加の促進）　ソーシャルワーカーは，クライエントが自らの人生に影響を及ぼす決定や行動のすべての局面において，完全な関与と参加を促進する。

7. （クライエントの意思決定への対応）　ソーシャルワーカーは，意思決定が困難なクライエントに対して，常に最善の方法を用いて利益と権利を擁護する。

8. （プライバシーの尊重と秘密の保持）　ソーシャルワーカーは，クライエントのプライバシーを尊重し秘密を保持する。

9. （記録の開示）　ソーシャルワーカーは，クライエントから記録の開示の要求があった場合，非開示とすべき正当な事由がない限り，クライエントに記録を開示する。

10. （差別や虐待の禁止）　ソーシャルワーカーは，クライエントに対していかなる差別・虐待もしない。

11. （権利擁護）　ソーシャルワーカーは，クライエントの権利を擁護し，その権利の行使を促進する。

12. （情報処理技術の適切な使用）　ソーシャルワーカーは，情報処理技術の利用がクライエントの権利を侵害する危険性があることを認識し，その適切な使用に努める。

Ⅱ　組織・職場に対する倫理責任

1. （最良の実践を行う責務）　ソーシャルワーカーは，自らが属する組織・職場の基本的な使命や理念を認識し，最良の業務を遂行する。

2. （同僚などへの敬意）　ソーシャルワーカーは，組織・職場内のどのような立場にあっても，同僚および他の専門職などに敬意を払う。

3. （倫理綱領の理解の促進）　ソーシャルワーカーは，組織・職場において本倫理綱領が認識されるよう働きかける。

4. （倫理的実践の推進）　ソーシャルワーカーは，組織・職場の方針，規則，業務命令がソーシャルワークの倫理的実践を妨げる場合は，適切・妥当な方法・手段によって提言し，改善を図る。

5. （組織内アドボカシーの促進）　ソーシャルワーカーは，組織・職場におけるあらゆる虐待または差別的・抑圧的な行為の予防および防止の促進を図る。

6. （組織改革）　ソーシャルワーカーは，人々のニーズや社会状況の変化に応じて組織・職場の機能を評価し必要な改革を図る。

Ⅲ　社会に対する倫理責任

1. （ソーシャル・インクルージョン）　ソーシャルワーカーは，あらゆる差別，貧困，抑圧，排除，無関心，暴力，環境破壊などに立ち向かい，包摂的な社会をめざす。
2. （社会への働きかけ）　ソーシャルワーカーは，人権と社会正義の増進において変革と開発が必要であるとみなすとき，人々の主体性を活かしながら，社会に働きかける。
3. （グローバル社会への働きかけ）　ソーシャルワーカーは，人権と社会正義に関する課題を解決するため，全世界のソーシャルワーカーと連帯し，グローバル社会に働きかける。

Ⅳ　専門職としての倫理責任

1. （専門性の向上）　ソーシャルワーカーは，最良の実践を行うために，必要な資格を所持し，専門性の向上に努める。
2. （専門職の啓発）　ソーシャルワーカーは，クライエント・他の専門職・市民に専門職としての実践を適切な手段をもって伝え，社会的信用を高めるよう努める。
3. （信用失墜行為の禁止）　ソーシャルワーカーは，自分の権限の乱用や品位を傷つける行いなど，専門職全体の信用失墜となるような行為をしてはならない。
4. （社会的信用の保持）　ソーシャルワーカーは，他のソーシャルワーカーが専門職業の社会的信用を損なうような場合，本人にその事実を知らせ，必要な対応を促す。
5. （専門職の擁護）　ソーシャルワーカーは，不当な批判を受けることがあれば，専門職として連帯し，その立場を擁護する。
6. （教育・訓練・管理における責務）　ソーシャルワーカーは，教育・訓練・管理を行う場合，それらを受ける人の人権を尊重し，専門性の向上に寄与する。
7. （調査・研究）　ソーシャルワーカーは，すべての調査・研究過程で，クライエントを含む研究対象の権利を尊重し，研究対象との関係に十分に注意を払い，倫理性を確保する。
8. （自己管理）　ソーシャルワーカーは，何らかの個人的・社会的な困難に直面し，それが専門的判断や業務遂行に影響する場合，クライエントや他の人々を守るために必要な対応を行い，自己管理に努める。

注1．本綱領には「ソーシャルワーク専門職のグローバル定義」の本文のみを掲載して
ある。なお，アジア太平洋（2016年）および日本（2017年）における展開が制定されて
いる。

注2．本綱領にいう「ソーシャルワーカー」とは，本倫理綱領を遵守することを誓約し，
ソーシャルワークに携わる者をさす。

注3．本綱領にいう「クライエント」とは，「ソーシャルワーク専門職のグローバル定
義」に照らし，ソーシャルワーカーに支援を求める人々，ソーシャルワークが必要な
人々および変革や開発，結束の必要な社会に含まれるすべての人々をさす。

おわりに

　新型コロナウイルスの爆発的な感染拡大が世界を一変させました。感染の勢いはとどまることを知らず，厚生労働省がとりまとめている「国内の発生状況」によると2021年1月4日現在，日本国内の感染累計者数は24万3847例，死亡者は3599人にも及びます。感染の拡大は，これまでに私たちが経験したことの無い不安とともに，日々の暮らしに忍び寄り暗い影を落としています。たとえば，2020年12月25日までの集計で解雇・雇い止めを予定されている労働者数は7万9522人です（厚生労働省「新型コロナウイルス感染症に起因する雇用への影響に関する情報について」）。飲食業など比較的特定の業種に影響がみられますが，特定業種だけでは済まないでしょう。さらに，自殺者数は2019年まで10年連続の減少傾向にあった状況を覆し2020年は増加傾向に転じています（厚生労働省「コロナ禍における自殺の動向──10月の自殺急増の背景について」）。日々の暮らしをやっとの思いで送ってきた人々が，コロナ禍によって困窮する状況へと急転し続ける日本社会の姿が露になりつつあります。ソーシャルワークは，今，そしてこれからの社会において何ができるでしょうか。

　本書は，社会福祉士養成カリキュラムに準拠したテキストであり，ソーシャルワークの基本について網羅しています。一方では，先の課題を即解決するには不十分かもしれません。しかし，ソーシャルワークが何のためにある学問であり実践であるのか，その意義と役割について理解するには十分な構成としました。社会が混沌に包まれた時こそ，ソーシャルワーカーは自身が存在する意義と役割について再考し，一歩ずつ着実に歩みを進める時でもあります。本書を手始めにシリーズ全書を通して，ソーシャルワークの知識と価値を学びましょう。いずれの時か，風に吹かれる柳の枝のようにしなやかでありながらも，一本筋の通った実践者として臨床に立つことを願ってやみません。

2021年1月

編者　木村淳也

さくいん

（＊は人名）

監修者紹介

杉本　敏夫 (すぎもと・としお)

現　在　関西福祉科学大学名誉教授

主　著　『新社会福祉方法原論』（共著）ミネルヴァ書房，1996年

　　　　『高齢者福祉とソーシャルワーク』（監訳）晃洋書房，2012年

　　　　『社会福祉概論（第3版）』（共編著）勁草書房，2014年

執筆者紹介 （執筆順，＊印は編者）

＊小口　将典（はじめに，第2章）

編著者紹介参照

松久　宗丙（第1章）

医療法人社団崇仁会船戸クリニック天音の里施設長

本多　勇（第3章）

武蔵野大学通信教育部教授

酒井　美和（第4章）

立正大学社会福祉学部助教

竹下　徹（第5章）

徳山大学福祉情報学部准教授

田中　康雄（第6章）

西南学院大学人間科学部准教授

木下　大生（第7章）

武蔵野大学人間科学部教授

宮地　さつき（第8章）

文教大学人間科学部専任講師

佐藤　佳子（第9章）

佐野日本大学短期大学准教授

汲田　千賀子（第10章）

同朋大学社会福祉学部准教授

荒井　浩道（第11章）

駒澤大学文学部教授

髙石　豪（第12章）

特定非営利活動法人日本ソーシャルワーカー協会事務局長

＊木村　淳也（第13章，おわりに）

編著者紹介参照

寶田　玲子（第14章）

関西福祉科学大学社会福祉学部教授

編著者紹介

小口　将典（おぐち・まさのり）

　　現　在　関西福祉科学大学社会福祉学部准教授
　　主　著　『子どもと家庭を支える保育——ソーシャルワークの視点から』（共編著）ミネル
　　　　　　ヴァ書房，2019年
　　　　　　『臨床ソーシャルワーク——いのちと歩む高度専門職へのみちすじ』（編著）大学
　　　　　　図書出版，2016年

木村　淳也（きむら・じゅんや）

　　現　在　会津大学短期大学部准教授
　　主　著　『ソーシャルワーカーのソダチ——ソーシャルワーク教育・実践の未来のために』
　　　　　　（共著）生活書院，2017年
　　　　　　『施設内暴力——利用者からの暴力への理解と対応』（共著）誠信書房，2016年

最新・はじめて学ぶ社会福祉⑥
ソーシャルワーク論
——理論と方法の基礎——

2021年5月1日　初版第1刷発行　　　　　　　　　〈検印省略〉

定価はカバーに
表示しています

監 修 者	杉 本 敏 夫
編 著 者	小 口 将 典
	木 村 淳 也
発 行 者	杉 田 啓 三
印 刷 者	坂 本 喜 杏

発行所　株式会社　ミネルヴァ書房
607-8494　京都市山科区日ノ岡堤谷町1
電話代表　（075）581-5191
振替口座　01020-0-8076

ⓒ小口・木村ほか，2021　　冨山房インターナショナル・藤沢製本

ISBN 978-4-623-09037-2

Printed in Japan

杉本敏夫　監修

──────── 最新・はじめて学ぶ社会福祉 ────────

全20巻予定／Ａ５判　並製

① 医学概論
② 心理学と心理的支援
③ 社会学と社会システム
④ 社会福祉
⑤ 社会福祉調査の基礎
⑥ ソーシャルワーク論
⑦ ソーシャルワーク論2
⑧ 地域福祉と包括的支援体制
⑨ 福祉サービスの組織と経営
⑩ 社会保障

⑪ 高齢者福祉
⑫ 障害者福祉
⑬ 児童・家庭福祉
⑭ 貧困に対する支援
⑮ 保健医療と福祉
⑯ 権利擁護を支える法制度
⑰ 刑事司法と福祉
⑱ ボランティア論
⑲ 介護概論
⑳ 障害児の保育・福祉と特別支援教育

順次刊行

──────── ミネルヴァ書房 ────────

https://www.minervashobo.co.jp/